宮元健次

鎌倉の庭園

鎌倉・横浜の名園をめぐる

神奈川新聞社

鶴岡八幡宮

建長寺

円覚寺

瑞泉寺

光明寺

明月院

海蔵寺

三溪園

称名寺

杉本寺

妙法寺

覚園寺

東慶寺

長谷寺

鎌倉文学館

報国寺

浄智寺

花の彩り

1 カワズサクラ（長谷寺）
2 ミツマタ（円覚寺）
3 ボケ（東慶寺）
4 サツキ（瑞泉寺）
5 バラ（鎌倉文学館）

1 タチアオイ（光明寺）
2 ホタルブクロ（浄智寺）
3 アジサイ（明月院）
4 フヨウ（杉本寺）
5 アヤメ（海蔵寺）

1 サザンカ（東慶寺）
2 フユザクラ（瑞泉寺）
3 柏槙（建長寺）
4 紅葉（八幡宮）
5 ススキ（永福寺跡）

2

1

3

4

5

1 ツバキ（称名寺）
2 ウメ（三溪園）
3 スイセン（報国寺）
4 フクジュソウ（瑞泉寺）
5 マンサク（長谷寺）
6 カンボタン（八幡宮）

撮影：大木作雄

はじめに

本書は、鎌倉の庭園を専門に扱った初めてのガイドブックである。

従来、京都を中心とした庭園は数多く著されてきたが、京都と並び称される古都・鎌倉の庭園に特化して著されたことは、不思議なことに一度もなかった。

周知の通り鎌倉は、江戸（東京）と並ぶ武家による政権都市であり、十二世紀から十四世紀にかけて約二百年間、日本の政治の中枢であった。京都に必敵する規模の「鎌倉五山」と呼ばれる大寺院や、権力者の邸宅や菩提寺《ぼだいじ》が次々と建てられた。

一方、山に囲まれ海に開いたその自然環境ゆえに、それらの寺院や邸宅には数多くの名庭が造られ、今日それらをしのぶ庭園が現存する。また、近代以降、数多くの文豪や芸術家、実業家がその歴史と自然を愛し、邸宅として庭園が築かれ、今日に伝わる。

さらに鎌倉は、関東最大の観光地でもある。春の匂い立つ花々、夏の目にまぶしい緑、秋には燃え上がるような紅葉、冬は純白の雪。自然を求めて、人々は庭巡りに余念がない。東京から電車で一時間足らず、日帰り旅行に、うってつけの距離にある。

このように鎌倉は、庭園の聖地の一つであるにもかかわらず、これまで鎌倉の庭園専門のガイドブックが著されなかったのは、おそらく鎌倉庭園の独自性が災いしたからではないだろうか。

後述する通り、鎌倉特有の地形は、極めてユニークな庭園形式を生み出した。三方を尾根に囲まれた無数の「谷区《やつ》」と呼ばれる細長い斜面に、堂宇《どうう》を一直線に並べる禅宗伽藍《がらん》が築かれ、他にはほとんど例のない鎌倉独自の露地庭園が形成されたのである。

筆者は、この鎌倉独自の庭園形式を「鎌倉式庭園」と命名し、庭園の新たなカテゴリーとして位置づけたいと考える。

これまで、庭園研究の主流であった研究者のほとんどが、関西を本拠とする人々であった。重森《しげもり》三玲《みれい》、完途《かんと》、森蘊《もりおさむ》、中根《なかね》金作《きんさく》諸氏の提唱する京都の庭園とその影響下の庭園の鑑賞方法が、そのまま日本庭園全体の鑑賞法になった観がある。

しかし、従来数多く出版されてきた京都の庭園を主体とした鑑賞法では、鎌倉独自の庭園形式を十分に理解することはできなかった。よって「鎌倉に庭園はない」などという極論を口にする者さえあった。むろん、鎌倉に庭園がないのではなく、鎌倉の庭園を理解する術をもたなかったゆえの暴論である。

本書は、単に初めて鎌倉の庭園に特化しただけでなく、初めて鎌倉の庭園の鑑賞方法を提唱するガイドブックでもある。

本書を手にして鎌倉の庭園を巡り、これまでとは異なるその魅力が発見できたとしたら、本書のもくろみは果たされたことになる。

著　者

目次

序章

鎌倉の庭園の特徴

一、日本庭園とは

自然風景式庭園

世界の庭園の形式を分類すると、「整形式庭園」と「自然風景式庭園」の二つに大別できる。

整形式庭園とは、主に十六世紀のヨーロッパのルネサンスの時代に生み出された形式で、自然の樹木や石、あるいは地面や池、川などを人為的、幾何学的に加工して造り出した庭園を指す。

それに対して、自然風景式庭園は、自然の姿をありのままに模倣するか、あるいはその特徴をそこなうことなく、濃縮して造り出した庭園の形式である。

わが国の庭園の場合、古来日本が山水に恵まれた地形をもつことから、そのほとんどが後者の自然風景式庭園となった。

ただし、江戸初期に入ると、同時代のヨーロッパの影響を受けたとみられる整形式庭園

◉ヴィラ・ランテ

が、日本においても幾つか造られた。しかし、その直後の鎖国によって日欧の文化交流が断たれ、十九世紀の開国まで整形式は日本に根づくことはなかった。

このような自然風景式庭園をさらに分類すると、浄土式庭園、寝殿造《しんでんづくり》系庭園、書院造系庭園の三つに分けられる。

浄土式庭園とは、日本に仏教が伝来された奈良時代以降の寺院に宗教的意味から「あの世」である「極楽浄土」を再現するために造られた蓮池を中心とした庭園の形式である。

また、寝殿造系庭園とは、平安時代の貴族の住居である寝殿の前面に行事や宴遊のために造られた庭園を指す。

さらに書院造系庭園とは、室町時代以降の武士の住居の形式である書院造の前庭として発達したもので、その後、禅宗や浄土真宗の寺院や、近世の貴族の住居の庭として広く用いられた形式である。

以下、それぞれの形式別に簡単に触れておこう。

浄土式庭園

奈良時代に仏教の伝来とともに浄土思想が芽生える。

浄土とは、仏が居るといわれる清らかな死後の世界のことで、「極楽」もその一つであり、人々のあこがれの場所であった。

ちなみに、浄土宗や浄土真宗は、その極楽で往生することを目的とした仏教の一派である。

浄土を描いた図に「当麻《たいま》曼荼羅《まんだら》」があり、いくつかの楼閣《ろうかく》の前面に蓮池や舞台が描かれ、中央には阿弥陀《あみだ》如来《にょらい》と呼ばれる西方浄土に住み一切の人々を救うという仏が現されてい

◉当麻曼荼羅図（写し）

る。

この平面的な絵画を立体にして、極楽浄土を再現しようとしたものこそが、すなわち浄土式庭園である。

最古の例としては、かつて奈良にあった阿弥陀浄土院があり、七五九年頃造営されたもので、堂内には阿弥陀三尊像が置かれ、内部や外部の装飾はまさに極楽浄土のありさまで、全面に蓮池があったことが文献に記されている。

やがて、平安時代になると、後に述べる住宅の形式である寝殿造に、浄土式庭園の仏堂を建て、池庭を蓮庭に見立てた過渡期の形式が流行する。

その代表的例が、一〇五三年に藤原頼通《ふじわらよりみち》により建てられた平等院であるといわれ、現在、世界文化遺産に登録されている。

それ以後、浄土式庭園は次第に完成期に入り、中国の宮殿を模して中堂に両翠廊下を設けたものや、九体の阿弥陀如来像を横一列に並べたもの、宝形屋根の小堂といった三種類の阿弥陀堂を中心として、堂が中島にある例や、東向きのはずの堂が南面するものなど、さまざまなバリエーションを生んだ。

その多くがすでに失われたが、遺跡や現存するものを地域的にみると、京都・奈良等の近畿地方と、岩手県平泉、そして鎌倉の三カ所に集中していることがわかる。

寝殿造系庭園

平安時代の貴族の住宅形式を寝殿造といい、住居にあたる寝殿と、「対屋《たいのや》」と呼ばれる付属施設を通路の渡廊《わたりろう》でつないで中門と釣殿《つりどの》を設けるしくみである。

寝殿の南面には、遊宴や行事のための池のある広い庭があった。

池には必ず一〜三個の中島を設け、水は主に東北より遣水《やりみず》によって引き入れられていた

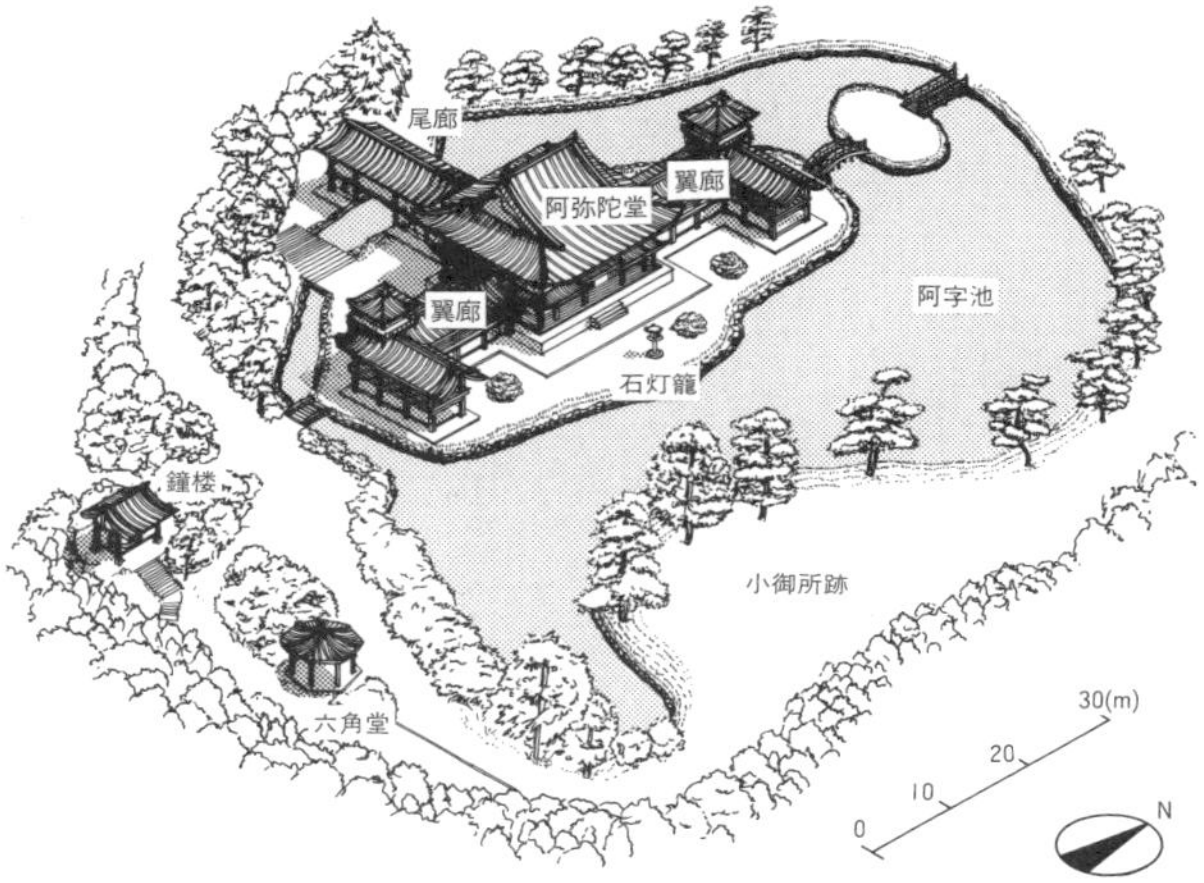

◉平等院 鳥瞰図

◉平等院 鳳凰堂

とみられる。

それらの配置は、当時の先端知識であった風水学の「四神相応《しじんそうおう》」の教え、すなわち東に川、西に道、南に池、北に山のある環境を吉相としたことによるものという。

これらのたたずまいは、『源氏物語』や『宇津保《うつぼ》物語』あるいは『栄華物語』など小説の舞台となるほど、当時の貴族の華やかな生活の場となっていたようである。

平安時代の寝殿造系庭園の代表例としては、当時の摂政、関白として政治の実権を握った藤原氏歴代の大邸宅である「東三条殿」があげられるが現存せず、太田静六氏の復元図によってその姿をしのぶしかない。

このような寝殿造系庭園の多くは、主に京都を中心に造られたが、それは皇族を中心とした貴族の都であったこととともに、何より河川等の水利に恵まれていたからにほかならない。

もっとも、京都は地形が盆地であるだけに夏の蒸し暑さは格別であり、貴族たちも納涼のためのさまざまな工夫を凝らしたが、寝殿造の特徴の一つである「釣殿《つりどの》」もその一つである。

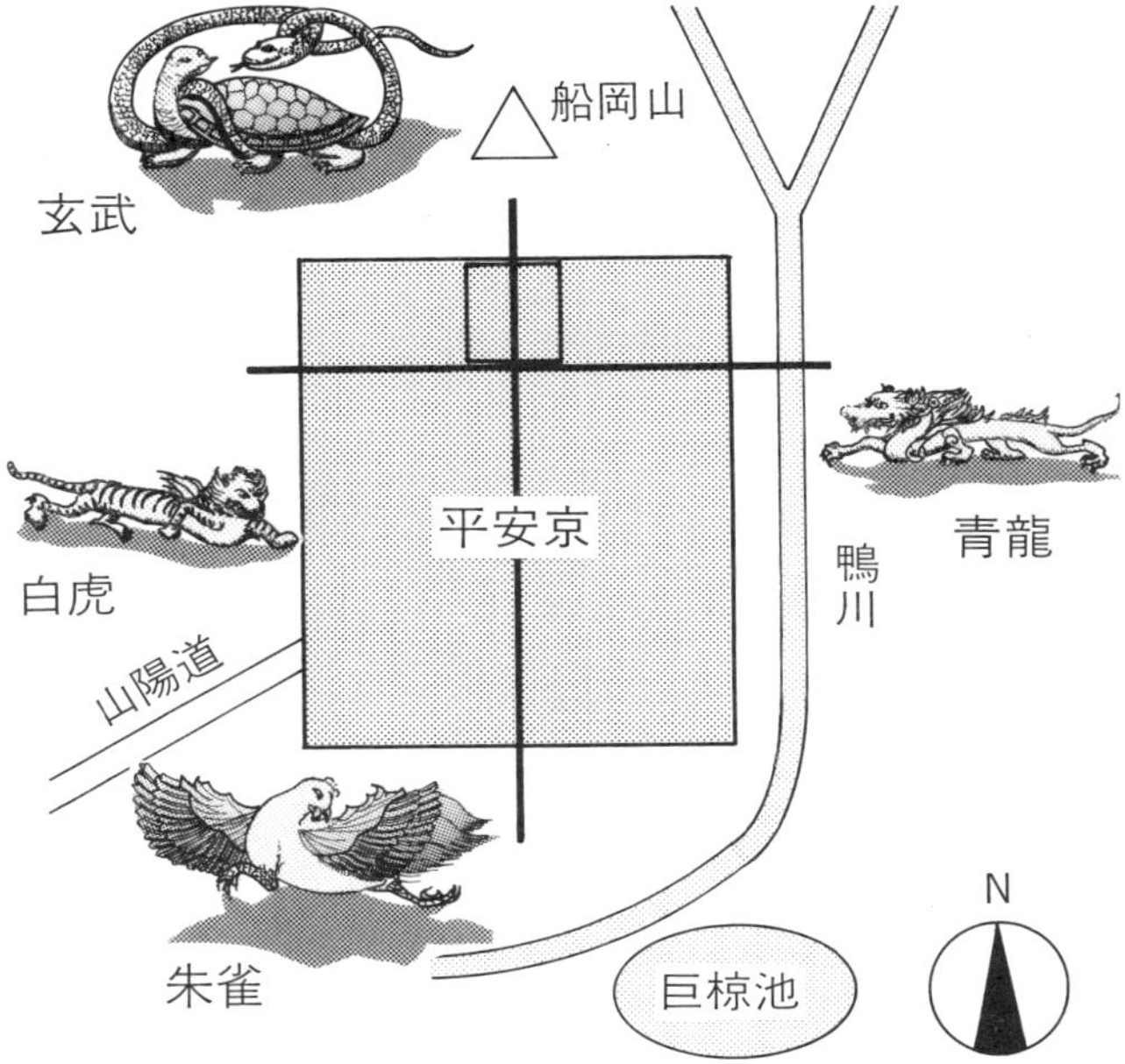

◉ 四神相応概念図

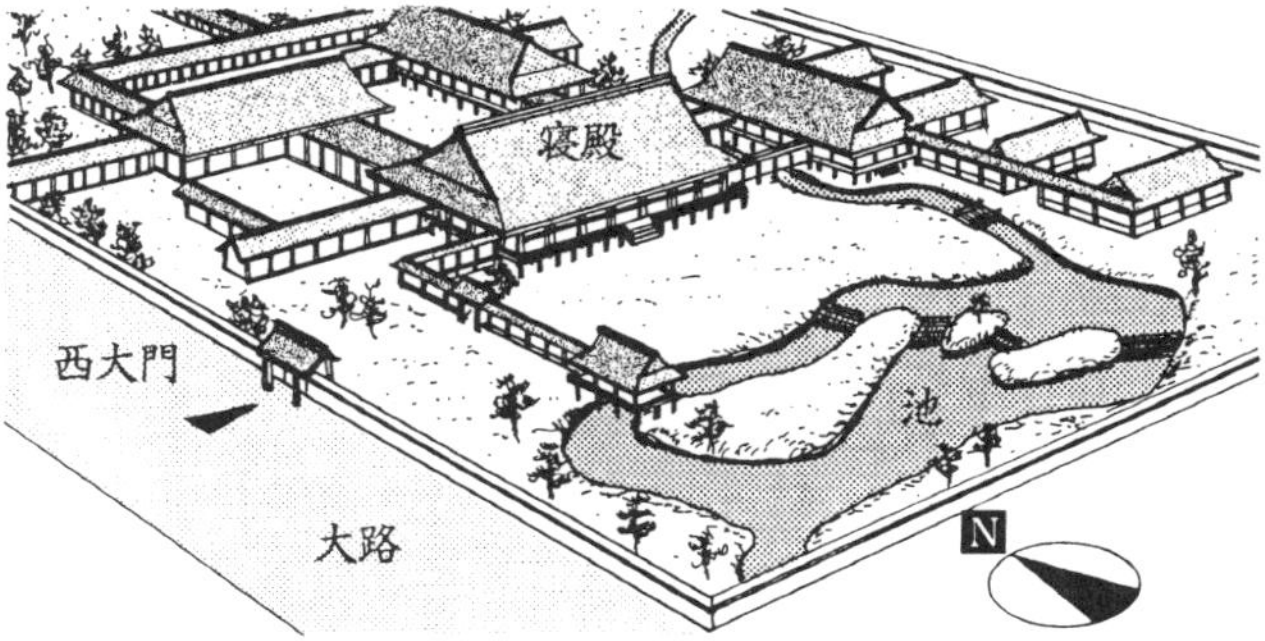

◉ 東三条殿 復元図

これは、魚を釣る所ではなく、池へ渡廊を長く伸ばし、その先に納涼、雅宴のための吹き抜けの施設を造ったものであった。

書院造系庭園

寝殿造系庭園が、平安時代の貴族の住宅である寝殿のための庭であったのに対し、書院造系庭園は、室町時代以降の武士の住宅形式である書院造のための庭である。

武士はすでに鎌倉幕府の頃には貴族に代わって政治の実権を握りつつあったが、もともと農村出身者が多く、その住居も農家風の質素なものであったようである。

しかし、足利尊氏《あしかがたかうじ》が初期将軍として室町幕府を開くと、華やかな貴族の生活への憧れから、寝殿造を住居に取り入れはじめる。

しかし、初期の将軍たちが譲位すると、出家して僧侶になることが多かったため、次第に寺院の住房にあった床《とこ》・棚《たな》・書院といった意匠が取り入れられ、ここに初期書院造の形式が誕生したのである。

その代表例としては、将軍足利義政《よしまさ》が営んだ東山殿（銀閣寺）があげられるが、この頃

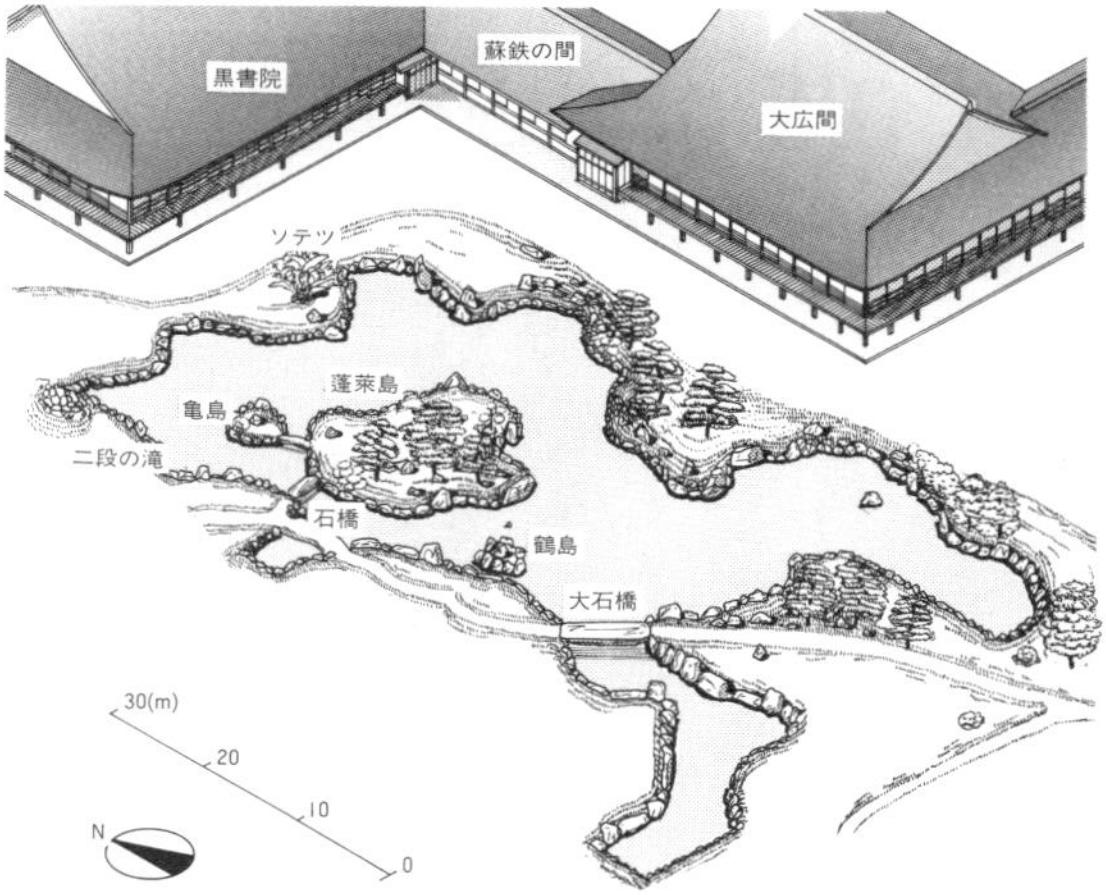

◉二条城二の丸庭園 鳥瞰図

の庭園には、まだ寝殿造系庭園の形式が色濃く残っていた。

しかし、後に詳しく触れる禅宗寺院の枯山水《かれさんすい》や、茶室の露地の形式など、さまざまな影響を受け、寝殿造系庭園に取り入れることによって桃山時代には、独自の書院造系庭園と呼ばれるものが完成するに至ったのである。

枯山水の影響を色濃く受けた例としては、醍醐寺三宝院などがあげられ、また数寄屋の影響を強く受けたものとしては、二条城二の丸の庭園等があげられる。

江戸時代に入ると、それまで寝殿造系庭園であった御所や貴族の庭園も、主に幕府によって造営されたことから、書院造系庭園を取り入れるようになり、寛永度仙洞《せんとう》・女院《にょいん》御所や明正院《めいしょういん》御所あるいは、桂離宮や修学院離宮等の別荘に至るまで、数多くの傑作が生まれた。

枯山水

枯山水とは、自然風景を石組を主として表現した庭園の形式である。

枯山水の自然風景式庭園と最も大きく異なる特徴は、その抽象的な表現方法にあり、自然風景式庭園が、山水をそのまま模倣するのに対し、枯山水は水を用いずに抽象的に山水を表す点にある。

日本は海に囲まれた島国であることから、古来より池庭に島を浮かべる山水の写しを庭園の基本としてきたことはいうまでもない。

しかし、水のない内陸の土地では、池庭を造ることは極めて困難であり、それでも水の表現を希望したために、山水の景に対して枯山水の形式が生み出されたとみられる。

その歴史は、上古の天津磐境《あまついわさか》や磐座《いわくら》、古墳の石室近くの作庭に端を発し、それらの巨石を容易に取り除くことができなかったために、逆にそれらを作庭に生かしたことが日本初の庭園書『作庭記』に記されている。

その後、平安時代の寝殿造系庭園の一部に石組が造られるようになった。

そして鎌倉時代に入ると、新興仏教の禅宗が伝来し、その特有の自然観から禅宗寺院の庭に、石立僧と呼ばれる僧侶が石組を造りはじめる。

◉船岡山の岩倉

さらに室町時代の十二年にも及ぶ応仁の乱のために京都が焼け野原となり、その経済的無力が手伝って、従来の池庭とは全く異なる枯山水の形式が定着したと考えられている。

枯山水庭園は、その敷地が山辺であるか、平庭であるかによって安土・桃山時代以前の前期式と、それ以後の後期式の二種類に大別することができる。

『作庭記』では、「枯山水を池や遣水といった水のない所に石を立てる」とまず定義づけつつも、「片山の岸や野筋《のすじ》に取り付つく」とも定義し、また「庭の面に石を立てたり、前栽を植えては絶対いけない」ともいっている。

しかし、もしそうだとすると、例えば龍安寺《りょうあんじ》や大徳寺《だいとくじ》、あるいは南禅寺《なんぜんじ》などの平地に白砂を敷いた石庭は、いったいどう解釈すればいいのだろうか。

すなわち、鎌倉時代に著された『作庭記』の定義する枯山水は、桃山・江戸期以降の平庭に前栽をもつ石庭とは、異なる形式をもっているといえる。

なぜこのような差があるのかについて考えてみると、かつて禅宗寺院の方丈前庭《ほうじょうまえにわ》は、仏教的儀式をとり行うための白砂を敷いた「庭」であったのであり、当時、前庭を鑑賞用に作庭することは固く禁じられていた。

◉天龍寺　石組

◉龍安寺　石庭

これは禅宗寺院に限らず、寝殿造においても同様で、拝礼儀式等に用いられるために、『作庭記』でも「南庭は普通六、七丈の広さを必要とし、禁裏（皇居）では八、九丈必要であり、これは儀式に必要であるので注意しなければならない」としているのである。

ところが、その後、庇のある広縁が儀式の場にとってかわり、さらに進んで室内となったことから、前庭は儀式に用いられなくなったために、一六一九年に寺院制度が改正され、南庭に木や石が持ち込まれるようになったわけである。

以上から考えて、枯山水の庭は、山の斜面に造られる前期式と、寺院の平庭に造られる後期式の二種類に分類することができる。

枯山水の作庭には、早くから禅宗の僧侶が専門技術者として活躍し、前にも触れたように前期式の時代において、彼らは「石立僧《いしだてそう》」と呼ばれていた。

中でも有名なのは、夢窓疎石であり、彼の造った西芳寺《さいほうじ》石庭《せきてい》は、前期式枯山水の代表作といわれている。

その後、江戸時代に入り、後期式の時代になると、賢庭《けんてい》という庭師が、当時の作事奉行として幕府の建物の多くを担当した小堀《こぼり》遠州《えんしゅう》の配下として、南禅寺金地院《こんちいん》石庭をはじめ、

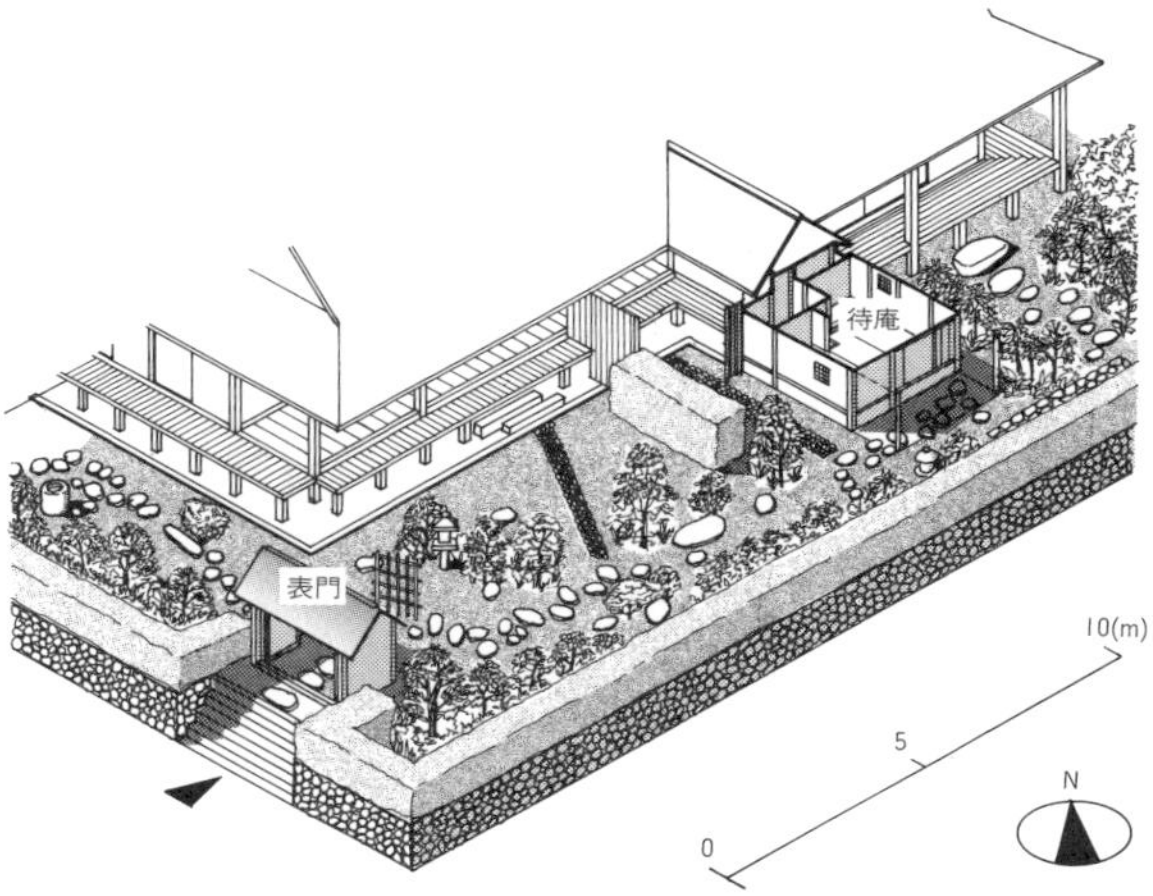

◉ 妙喜庵待庵露地　鳥瞰図

数々の傑作を残した。

露地

露地とは、茶の湯に用いられる茶室に至るまでの庭の形式である。

現在では漢字で「露地」と表すことが多くなっているが、江戸中期までは「路次」、「路地」と記していたようである。

露地は、中門あるいは中潜《なかくぐり》を境として外露地と内露地に分かれ、それぞれ大変工夫された腰掛や雪隠《せっちん》、手水鉢《ちょうずばち》や石灯籠、あるいは植栽等を変化に富んだ飛石や延段《のべだん》でつなぎ、茶室へ導くための数々の演出が施されている。

茶の湯は、十五世紀頃、禅僧の村田珠光《むらたじゅこう》によって考案されたといわれ、その弟子の武野紹鷗《たけのじょうおう》は、それを茶道という芸術の一分野にまで発展させた。

さらに、その弟子の千利休が、大坂堺の商人を中心として「侘《わび》」「さび」の言葉に代表される草庵茶室を完成させ、その流れが現在千家流と呼ばれる茶の流派となっている。

利休の没後、茶道が大名によって継承される形式になると、茶室も草庵風から書院風へと変わり、より華やかな「きれいさび」と呼ばれる形式になり、現在、「織部流」や「遠州流」といわれる流派として継承されている。

二、鎌倉式庭園の特質

切通

前述の通り、鎌倉は、武家がはじめて造った政権都市である。一一八〇年、源頼朝《みなもとのよりとも》によって鎌倉に武家政権が開かれると、将軍を中心とした、幕府という独自の政治組織を造り、明治維新まで続く、約七世紀に及ぶ武家政権の基礎を築いた。

武家の精神や文化は、日本の発展に極めて重要な役割を果たした。武家の開いた政権都市は江戸と鎌倉の二つだが、近代都市東京となった江戸は、第二次世界大戦の空爆や、大戦後の急激な開発によって大きく姿を変えてしまい、今日武家の文化をとどめる政権都市は、ひとり鎌倉のみである。

鎌倉は、極めて特殊な地形をもつため、その都市構造や、そこに造られた庭園も独自のものとなった。地形上、最も特異なのは、三方を山に挟まれ、一方が海に面することであろう。

三方の山は標高百メートル程の急斜面をもち、山と山の間の谷が高く、外部から完全に囲い込まれたような地形であった。そこで、山の稜線を掘り下げて鎌倉と外部を結ぶ「切通《きりとおし》」と呼ばれる交通路が造られた。

切通は防衛上拠点となり、政権担当者一族の屋敷が建てられた。両側が切り立った崖でふさがれた細い道なので、兵を固めて防衛線を張るのはたやすい。日常は通行を監視し、いざ戦闘となれば守りやすく攻められにくい。

鎌倉には外部と結ぶ七つの切通があり、七口と呼ばれた。七口は、もともと京都に外部を結ぶ主要交通路の出入口として設けられたもので、鎌倉の道路の整備においてもそれが参考とされたのだろう。

北鎌倉と扇ヶ谷を結び奥州、常陸へ通じる亀ヶ谷《かめがやつ》坂切通、扇ヶ谷と佐助を結び武蔵へ通じる化粧《けわい》坂切通、建長寺と鶴岡八幡宮の間にある巨福呂《こぶくろ》坂切通、三浦半島の六浦へ通じる朝比奈切通、長谷から藤原へ抜ける大仏坂切通、逗子方面へ抜ける名越切通、長谷から極楽寺に抜け、京都へ通じる極楽坂切通である。

これらの切通は、すべて鎌倉幕府を開いた源頼朝が造ったと考えがちだが、亀ヶ谷坂や化粧坂は、鎌倉幕府開府以前からあったという。名越切通にいたっては、『古事記』に記された日本武尊《やまとたけるのみこと》の東征の時に通ったともいわれる。

巨福呂坂、大仏坂、朝比奈といった切通は、北条《ほうじょう》氏が開いた交通路である。極楽寺は僧忍性が開いたものだが、忍性は北条重時《じげとき》をパトロンとしていた。よって切通は北条氏がそのほとんどを造ったといってよい。

化粧坂と朝比奈、名越の三つの切通は、現在でも当時の風情を色濃くとどめている。

それらの切通の防衛と監視のため、北条氏や源氏の邸宅とともに、彼らの菩提《ぼだい》や鎮護《ちんご》を目的とした寺院が切通に数多く建てられた。よって、切通に接して、鎌倉屈指の庭園が造られることになったのである。

巨福呂坂切通付近には、円覚寺《えんがくじ》や建長寺《けんちょうじ》、明月院《めいげついん》、東慶寺《とうけいじ》、浄智寺《じょうちじ》そして鶴岡八幡宮《つるがおかはちまんぐう》寺、亀ヶ谷坂切通付近には、海蔵寺《かいぞうじ》、化粧坂切通付近には無量寺跡、大仏坂切通付近には長谷寺《はせでら》、朝比奈切通付近には報国寺《ほうこくじ》や瑞泉寺《ずいせんじ》、名越切通付近には光明寺《こうみょうじ》、極楽坂切通付近には仏法寺《ぶっぽうじ》跡が位置する。切通はいわばこれらの寺院の庭へのアプローチといっても過言ではない。

そのために、いざ戦となると寺院に陣を張り、戦場となることも多かった。そのため、鎌倉の寺院は、庭園を含めて文化財の多くが失われてしまったのである。

谷（谷戸）

鎌倉は、尾根と谷が複雑に入りくんだ地形をもつ。上空写真を見ると、寺院一つ分ほどの谷が無数に凹凸を形づくっていることがわかる。俗に鎌倉六十六谷といわれ、道を歩けば必ず谷に突き当る。

鎌倉では、こうした谷のことを「やつ」あるいは「やと」と呼ぶ。谷《やつ》は三方が尾根で囲まれているため、攻めにくい。しかし、反対に攻め込まれると逃げ場を失うことになる。比企能員《ひきよしかず》は比企ヶ谷に、北条高時は葛西ヶ谷にと、谷の奥に追われて滅亡した武将が多い。

鎌倉の地図を見ると「谷」の文字のつく地名が数多いことに気付く。扇ヶ谷、紅葉ヶ谷、亀ヶ谷、瓜谷、明石谷、西ヶ谷、鑪ヶ谷、長谷などは、現在も地名として残っているし、失われた地名にも、二階堂ヶ谷、佐助ヶ谷、笹目ヶ谷などがある。この他、日蓮が小庵を構えた松葉ヶ谷、覚園寺《かくおんじ》一帯の薬師堂ヶ谷、浄明寺《じょうみょうじ》付近の釈迦《しゃか》堂ヶ谷、犬懸ヶ谷、宅間ヶ谷、長谷寺《はせでら》付近の桑ヶ谷などの呼称がある。これら谷のつく名称は四十三にものぼる。

鎌倉時代には、寺院や邸宅のほとんどが、こうした谷に建てられた。よってこの谷の地形が、そこに造られた庭園にも強く影響することになる。

鶴岡八幡宮や建長寺、円覚寺、瑞泉寺、明月院、海蔵寺など、鎌倉の傑作庭園の多くが三方を尾根に囲まれた谷の突き当たりに山を背後にして造られている。このような特異な地形に造られるために、鎌倉の庭園は、京都などの庭園とは全く異なる特徴をもつことになった。

まず第一に、奥へ細長くしかも斜面であるために、庭造りに適したまとまった敷地が確保しにくい。そこで、必然的に茶室の露地のように、通路の左右に植栽を施した庭の形式が発展したと考えられる。あじさい寺として有名な明月院や、駆け込み寺で知られる東慶寺などがその代表であろう。

第二に、斜面であるがゆえに、大雨ともなれば水害に遭いやすく、通常の自然風景式庭園のように、大きな池を構えることができない。そこで池をもたないか、池があっても斜面の最も低地である山門周辺に池を設ける形式が生み出されたものとみられる。鶴岡八幡宮の放生池《ほうじょうち》や、円覚寺の白鷺池《びゃくろち》、浄智寺の甘露池《かんろち》などが、これに相当する。

第三に谷は日差しが入りにくく、そのため湿度が高い。よって高木が育ちにくく、草木や低木を中心とした植生となる。鎌倉に「花の寺」と呼ばれる寺院が多いのもそういった要因によるものである。瑞泉寺や明月院、海蔵寺や東慶寺などが花の寺と呼ばれるゆえんである。

一方、「苔寺」と呼ばれる寺院が多いのもその湿度の高さのためで、苔の生育にはうってつけの条件をもつといってよい。覚園寺や妙法寺、杉本寺などが鎌倉の苔寺としてよく知られている。さらに竹林をもつ寺院が多いのも湿度が高く、斜面で水はけがよいためであり、「竹寺」として知られる報国寺がその代表であろう。

第四に、三方が尾根に囲まれる谷では、庭園の背景はおのずと山となる。鎌倉の庭園の多くが山を借景とするのは、谷の地形から必然的に生まれたといってよい。金屏山を借景とする瑞泉寺や、天照山を借景とする光明寺など枚挙に暇がない。

やぐら

やぐらは、窟、矢倉、矢蔵、谷倉、屋蔵などと書く。また岩倉、谷戸倉、谷津倉などの転訛ともいわれ、中世には洞窟を意味する鎌倉の方言であったともいわれるが、はっきりしない。

「切岸」と呼ばれる谷の尾根を垂直に削った崖に、穴を刳《く》り抜いて造った鎌倉特有の墓をやぐらという。一二四二年、幕府は鎌倉の平地に墳墓をつくることを禁止する法律を発布したことが、その発端である。

鎌倉は、前述の通り三方が山に囲まれており、平地の面積が限られているため、墳墓の造立を規制したわけである。これにより、墓所は山の中に造らざるを得なくなり、谷の切岸に造ったものとみられる。

やぐらの多くは、木造墳墓堂である法華堂《ほっけどう》を模して方形の平面に平天井をもち、玄室の正面及び左右に幅約三十センチ、高さ約三十センチほどの壇が削り残されている。また直径二十センチ、深さ十センチほどの小穴があるが、これは納骨穴でその上に五輪塔を載せてある。

宝篋印塔や仏像が安置されていることも多く、玄室の壁に五輪塔や仏像が掘り込まれていることもある。また金箔を施したり、彩色したものも多かったというが、盗掘にあったり、色あせてしまい、現在はほとんど見ることができない。

やぐらの大部分は、鎌倉時代から室町時代に造られ、一四三八年の永享の乱で鎌倉公方足利氏が滅亡して、鎌倉から武士がいなくなってからは、ほとんど造られなくなる。やぐらは武士階級の墓だったからである。入口通路部の羨道があるのが鎌倉時代のもので、室町時代に入ると羨道がなくなる。

羨道から入った両脇の上下に、入口扉を付けるための柱穴がある。現在、扉がついていないものがほとんどだが、当初はすべてのやぐらに扉があったとみられる。仏殿としての機能ももっていたため、一族が参列する場として、多くは入口の前面に小さな広場をもっていたともいわれる。鎌倉全体でその数三千とも五千ともいう。

前述の通り、谷に造られた庭園の多くが尾根の山を借景としていたが、尾根を削って切岸にし、そこへやぐらを造って、やぐら自体が庭園の借景となった例も数多い。やぐらが伴うことも、鎌倉の庭園の特徴の一つといってよいだろう。

明月院やぐらや覚園寺の右八やぐら群、瑞泉寺や無量寺跡のやぐらが庭園の一部となった代表的な例である。

禅宗伽藍

禅宗は、武家の仏教ともいわれ、鎌倉にも数多くの禅宗寺院が造られた。禅宗寺院は放生池、山門、法堂《はっとう》、方丈《ほうじょう》などが一直線に並ぶいわゆる「禅宗伽藍」（七堂伽藍）を形成するのが一般的であった。

この中の放生池というのは、仏教の儀式として、亀や魚を放すための池である。池の中央に橋を架け、橋を渡って寺院へ入る仕組みをもち、この池が「結界」あるいは三途の川と認識されていたとみられる。また橋によって池は左右に二分されるのも特徴といってよい。

自然を尊び、それを修業そのものとする禅宗では、池といった自然の要素を伽藍の中に取り込むのは、当然のことであった。京都の禅宗寺院においても南禅寺や天龍寺、相国寺《しょうこくじ》や妙心寺《みょうしんじ》、大覚寺《だいかくじ》などに放生池が設けられている。

鎌倉においても、円覚寺の白鷺池や浄智寺の甘露池、禅寺ではないが鶴岡八幡宮の源平池などが放生池に相当する。

禅宗伽藍にみられる庭園的要素は、放生池に限ったことではない。山門から仏殿の軸線上に左右対称、二例に柏槙《びゃくしん》の並木道をつくる「前栽列樹《ぜんさいれつじゅ》」という要素も含まれる。これは宋風禅宗伽藍の特徴の一つで、露地庭園の一種と考えられる。

鎌倉の寺院の場合、柏槇を植えてから七世紀もたっているため、明快に残っているものは皆無だが、例えば建長寺には、そのうちの七本が現存しており、鎌倉全体で二十本もの柏槇が確認できる。また円覚寺にも、創建当初の柏槇の古木が一本あり、合計三株の柏槇が植えられている。

さらに浄智寺にも、山門と仏殿の門に創建当初の柏槇の古木が残されている。禅宗伽藍には、池だけでなく、植栽をもその自然観から取り込まれていたのである。

一方、禅宗伽藍は、堂宇を一直線に並べるため、その配置は必然的に細長くなる。この特徴が、前述の谷《やつ》といった三方を尾根に囲まれた地形と合致して普及したわけである。しかし、谷に堂宇を一直線に並べた場合、まとまった大きさの庭園を造ることは難しい。そこで参道の両脇に植栽を施し、露地庭園の一種として鎌倉独自の庭園が造り出されたのである。

禅宗寺院の場合、京都などでは方丈前庭に作庭された例が数多いが、鎌倉の場合は、建長寺の蘸碧池《さんぺきち》がその例といってよいだろう。

自然暦と遷地

鎌倉の都市計画において、まず最初に造営されたのが鶴岡八幡宮である。そして、八幡

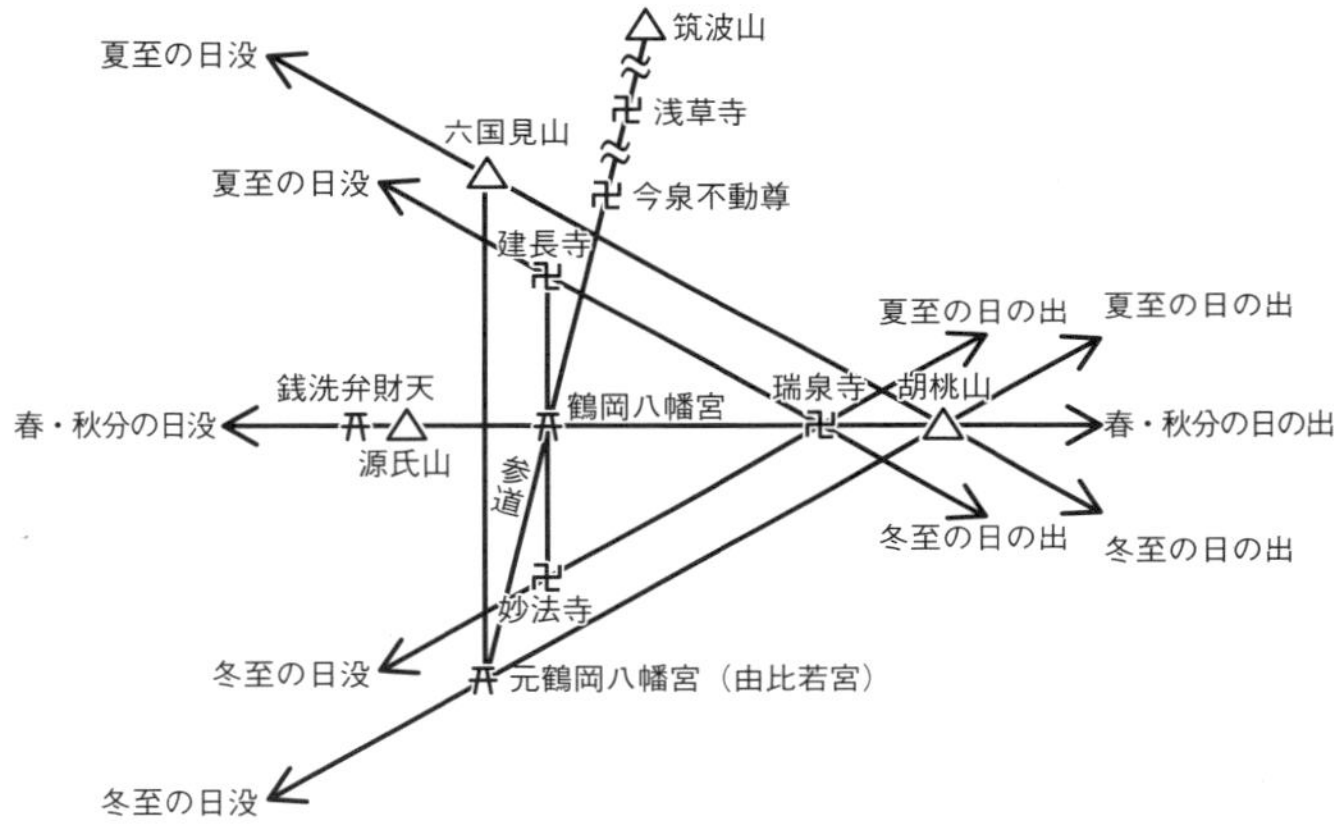

◉鎌倉の自然暦概念図

宮への参道である若宮大路を中心に、寺社や邸宅の配置が決定されたという。

この若宮大路が二十七度ほど東へふれている理由は、本書の鶴岡八幡宮の章で詳述する通り、関東の総鎮護寺・浅草寺及び筑波山にこだわった結果と考えられる。この鶴岡八幡宮や他の主要寺社、そして信仰の対象となった神奈備《かんなび》山の配置にも、興味深い関係が指摘できる。

まず鶴岡八幡宮から見て、春・秋分の日の出の方位である真東を調べると、瑞泉寺そして、胡桃《くるみ》山々頂がぴったり位置しているのがわかる。瑞泉寺は一三二七年、夢窓疎石の創建による寺院だが、背後の胡桃山を御神体とする何らかの社が元来あった聖地であり、後に夢窓によって寺として整備されたものであろう。

夢窓疎石は、京都の西芳寺《さいほう》を創建する際も、廃寺となっていた西方寺《さいほう》と穢土《えど》寺を合併するかたちで再興しており、何の脈絡もなく寺院を創建するのではなく、埋もれた古刹《こさつ》を復興することに尽力があった名僧である。京都の南禅寺にしろ、鎌倉の円覚寺にしろ同じ成り立ちである。

背後の胡桃山は、標高一〇六メートルの小高い山だが、円錐状の神奈備山で、山頂には磐座があり、古来崇拝されてきたことがうかがえる。

瑞泉寺は、足利氏の重用を受け、一三八六年には禅宗関東十刹の第一位に列したという。瑞泉寺には夢窓国師の作庭になる庭園があるが、背後の胡桃山とその麓である金屏山を借景として、寺院・山の一体化を図っている。こうした手法は彼の手掛けた天龍寺庭園でも同様の仕組みをもち、後醍醐天皇供養の目的で造られたこの寺院の庭の借景として、後醍醐天皇を埋葬した亀山を用いている。瑞泉寺の借景として胡桃山や金屏山を用いた点に、鶴岡八幡宮の春・秋分の祭祀として重要な山であったことを意識したのではないだろうか。

次に、鶴岡八幡宮の春、秋分の日没の方位を調べると、源氏山々頂（武庫山・亀谷山）、そして有名な銭洗弁財天《ぜにあらいべんざいてん》が軸線上に位置していることがわかる。

源氏山は標高九十三メートルの小さな山だが、源頼朝の祖先・頼義《よりよし》が前九年の役で奥州征伐に発つ際、この山に戦勝祈願したといわれ、古くから崇拝を集めた源氏ゆかりの山である。山頂は現在公園となり、頼朝像が立つが、かつてはその場所に磐座《いわくら》があったとされる。現に銭洗弁財天すなわち宇賀福《うがふく》神社は、この山を御神体山とする。

銭洗弁財天は、一一八五年、源頼朝の夢枕に宇賀福神が立ち、西北の仙境に湧《わ》き出す霊水で神仏を祀れば国内が平穏に治まる、というお告げを得て祀られたものといわれる。源氏山から湧き出る水は、鎌倉の五名水の一つで、境内には水神社が祀られている。

以上をまとめれば、鶴岡八幡宮から見て、春・秋分の日の出の方位には胡桃山と瑞泉寺、日没の方位には源氏山と銭洗弁財天があり、それぞれ、山を御神体とし、また水とかかわりがある寺社ということになる。やはり偶然とは考えにくく、特に源氏山は源氏と極めて関係をもつことから、意図的な配置であるとみてよいだろう。

鶴岡八幡宮の春・秋分の日の出の方位には瑞泉寺が位置することはすでに触れたが、この瑞泉寺から見て夏至の日没の方位に建長寺、そして冬至の日没の方位に妙法《みょうほう》寺が位置する。

建長寺は、鎌倉を代表する禅刹で末寺を五百寺ももつ臨済宗建長寺派の総本山である。もとは「地獄谷」と称される処刑場であり、地蔵菩薩を祀る心平《しんぺい》寺という寺であったという。

一二五三年に北条時頼《ときより》によって建長寺として再興され、一三八六年には鎌倉五山の第一位となった。

また妙法寺は、一二五三年日蓮《にちれん》が鎌倉を訪れ、布教のために建てた草庵・松葉谷小庵を起源とする古刹である。一二六〇年に焼き打ちにあったがその後、日蓮上人の建てた法華堂が本国寺《ほんこくじ》となった。本国寺が室町時代に京都へ移された後、一三五七年、日叡《にちえい》上人が再興し、妙法寺と命名されたという。

注目すべきは、地図上でこれら建長寺と妙法寺を結んだ直線の中間点に鶴岡八幡宮が位置することである。また、瑞泉寺、建長寺、妙法寺がほぼ完全な正三角形を形成することである。

こうした自然暦による正三角形の形成は、奈良の三輪山を中心とした自然暦や、斎槻岳の例、大阪の高安山の例など数多くの事例があり、意図的に計画された可能性が高い。

一方、この正三角形を取り囲むように、自然暦を形成するさらに大きな正三角形を指摘することができる。

すなわち、前述の胡桃山から見て、夏至の日没の方位に六国見山《ろっこくけん》々頂が位置し、また冬至の日没の方位に元鶴岡八幡宮があった由比若宮《ゆいわかみや》跡、現元八幡が位置している。しかも、六国見山と元八幡は正確に南北一直線上に位置することから、結果として、胡桃山、六国見山、元八幡、正三角形を地図上に形成していることになる。

六国見山は標高一四七メートルの小さな山だが、周辺にそれ以上の標高の山が少なく伊豆、相模、武蔵、安房、上総、下総の六国を見渡せることから命名されたという。つまり、「国見」の山として、将軍に重用された場所であった。山頂には浅間大神の石碑が立つが、もとは浅間社が建てられていたという。

鎌倉幕府の守護神・鶴岡八幡宮の地には、これらの自然暦による巨大な正三角形を二重に張り巡らされていたことになる。

このようないわゆる自然暦に関する記述として、『日本書紀』には次のような注目すべき一文がある。

「山河を隔《さか》て国県を分ち、阡（たたさのみち）陌（よこさのみち）に随ひて、邑里を定む。因りて東西を日縦《ひのたたし》とし、南北を日横《ひのよこし》とす」

つまり、東西線を日の縦線、南北線を日の横線として村を定めたというのである。また、一六八五年に保井春海《たもいしゅんかい》が著した『日本長暦』によれば、「冬至の日に記す」として「我が国の神代、イザナギの尊《みこと》、日の三天を測りたまい、春秋を考え歳時を定めたまう」という。

さらに一七五五年の安倍泰邦《あべやすくに》の『暦法親書』には「夏至・春分・冬至の太陽の運行を三天といい、暦の基となった」と述べられ、自然暦は古くから知られていたことがわかる。

鎌倉の庭園の多くが山を借景としているが、鶴岡八幡宮や建長寺の庭にしても、あるいは瑞泉寺や妙法寺の庭にしても、自然暦との関係が指摘できるのである。

鎌倉石と鎌倉五名水・十井

その他、鎌倉の庭園の特徴としては、その石材と水に独自のものがある。まず石材は、もっぱら「鎌倉石」と呼ばれるものが用いられてきた。

鎌倉石は、角礫凝灰岩《かくれきぎょうかいがん》の一種で、火山砂が堆積したものである。鎌倉各地の切岸に見られるもので、火には強いが酸性雨や摩擦に弱い。庭石の他、石灯や石段に用いられる。

鎌倉の寺社の石段は、擦り減って変形している場合が多いが、これらは鎌倉石を用いたためである。通行禁止になっている例も多いが、その変形した姿は風情があって趣き深い。

また、そこに苔がつくと、さらに珍重され、覚園寺や杉本寺などの石段の苔は一見の価値がある。なお、鎌倉石の他、建物の基礎など耐久性の必要な個所には、伊豆石などの硬い石材が用いられることもある。

次に水であるが、鎌倉はかつて海底であったといわれ、現在も海が近くに迫っている。よって良質の水が得にくく、井戸を掘っても塩分を含んだ水が出ることが多い。それだけに、飲料水に適した湧水は、文字通り命の水であり、神仏の恵みと考えられた。

それは庭園に用いられる水についても同様で、放生会を行う際、塩分の強い水では、淡水魚や亀を殺してしまいかねない。また浄土式庭園の場合、ハスを池に浮かべることが多いが、塩分によって枯れやすくなる。

鎌倉には五名水と呼ばれるものがあり、放生池に使われ、近隣の人々の飲料水としてもかつては用いられたという。まず、日蓮上人が道端に杖を刺したところ水が湧き、水不足に苦しむ農民が、のどを潤したという「日蓮乞水」。長勝寺《ちょうしょう》からまんだら堂へ向かう途中にある。

次にこの水でお金を洗うと数倍になって戻ってくるという銭洗弁天の「銭洗水」。本書では取り上げなかったが、ここに上・下水天宮があり、石組を配した見事な庭園がある。

また朝比奈切り通し近くの「梶原太刀洗水《かじわらたちあらいみず》」も五名水の一つ。鎌倉時代の武将・梶原景時《かげとき》が刀の血糊を洗ったという血生臭い伝承が残る。

さらに建長寺門前にあったという湧水である「金龍水《きんりゅうすい》」も五名水に数えられていたが、道路工事のために今は存在しない。この水は、建長寺の妙香池や大覚池とつながっていたという。

この他、浄智寺の甘露池にある「甘露水」を加えて、五名水となる。この甘露水は鎌倉十井《じゅっせい》の一つでもある。

鎌倉十井とは、甘露水に鶴岡八幡宮の放生池近くの「鉄《くろがね》の井」、明月院の庭園にある「瓶《つるべ》の井」、覚園寺の庭園にある「棟立《むねたて》ノ井」、海蔵寺前の「底脱《そこぬけ》ノ井」、極楽寺近くの「星月夜の井」、材木座の和賀江島を眺める海岸にある「六角の井」、そして個人宅にある「扇ノ井」のことである。

◉銭洗弁天　庭園

星月夜の井、六角の井を除けば、すべて庭園と関係していることがわかる。

新たなカテゴリー「鎌倉式庭園」

以上、指摘してきた鎌倉の庭園の特徴を簡単にまとめれば、おおよそ次のようになるだろう。

1、軍事上の要「切通」に接して建てられた邸宅や菩提寺の庭園であったものが多く、戦災によって失われやすい立地にあった。

2、鎌倉特有の三方を尾根に囲まれた「谷《やつ》」に作庭されたために、必然的に参道の両脇に植栽を施した露地庭園となり、また水害防止のため池をもたないか、斜面の最下層の山門周辺に池を設けることが多かった。さらに日差しが入りにくいため、高木が育ちにくく、花を咲かせる低木や苔の庭を中心とし、その地形から必然的に山を借景する庭が多くなった。

3、谷の切岸には、鎌倉特有のやぐらが造られ、借景として庭園の一部となっている。

4、鎌倉の寺院の多くを占める禅宗寺院は「禅宗伽藍」を形成し、その中に放生池と柏槙の前栽列樹といった庭園の要素が組み込まれていた。また、堂宇を一直線に並べることから、谷の地形と合致し、さらに露地庭園の形式が普及した。

5、庭園をもつ寺社の多くが、自然暦によって遷地されていた可能性が高い。

6、石材は鎌倉石を用い、また良水に恵まれない鎌倉では、庭園の池に名水を用いた。

これらの特徴をみると、鎌倉の庭園はその特有の風土と地形によって、独自の形式をもつに至ったことがわかる。現在、一般に知られる庭園の鑑賞方法は、京都の庭園や、それを模した各地の庭園の眺め方を主体としているといってよい。

しかし、鎌倉の庭園は、京都の庭園とは明らかに異なる特殊な様式美をもっており、従来の庭園の鑑賞方法では、十分に理解することが難しいといわざるを得ない。

これまで、鎌倉には庭園が少ないといわれることが多かった。しかし、それは従来の京都の庭園鑑賞法を鎌倉に当てはめていたからそう思えただけであり、見方を変えれば、数多くの庭園を有することに気がつく。

例えば、ある程度のまとまった敷地に池が掘られていなければ庭ではないといった価値観で鎌倉の庭園を見た場合、多くの庭園が見捨てられることになる。しかし、茶室の露地などの庭園形式もあり、そういった視点から見れば、谷の地形や禅宗伽藍の影響によって、露地化した鎌倉の庭の多くも、庭園の一形式と認められるのではないだろうか。

また、池がないからといって庭園でないとはいえない。枯山水庭園の多くが池をもたないことからもそれは明らかであろう。

鎌倉の庭園が、京都の庭園に対してやや評価が低いとすれば、その原因は主に観光整備にあると思う。京都は日本最大の観光地として、春に、秋に数多くの観光客を集める。京都の名庭をもつ寺院の多くが、スポンサーである檀家をもたず、そのために庭園や仏像などの観光資源を美しく整備して、寺院経営を成り立たせている場合が多い。ところが、鎌倉の場合、庭園を有する寺院の多くが檀家をもち、庭園を必ずしも観光資源にする必要がない。よって、復元整備されることなく、地中深く眠っている庭園が多いのが現状である。

鎌倉の庭園が壊滅的打撃を受けたのは、関東大震災の時であるといわれるが、実際は、一七〇七年の宝永の富士山の噴火の時である。この噴火による火山灰が現在の関東ローム層の地盤を造ったといわれる。

現在、鎌倉の庭園の多くをボーリング調査してみると、約一・五メートル下に石組や異なる地層が明らかに存在することがわかる。宝永の噴火によって、鎌倉時代の庭園の多くが埋もれてしまったわけである。発掘調査を行えば、おそらく数多くの鎌倉時代の庭園が蘇《よみがえ》るに違いない。

京都には数多くの古い庭園があるといわれるが、江戸時代の庭園が最も多く、鎌倉時代以前の庭園は数少ない。また鎌倉以前の庭園であっても、後世に著しく改造を受けたものが多く、原形をとどめる庭はほとんどまれである。

そういった意味から考えると、鎌倉の庭園は、京都の庭園に必敵する可能性をもつといっても過言ではないのである。

筆者は、独自の形式をもつに至った鎌倉の庭園をここに「鎌倉式庭園」と命名し、庭園の新たなカテゴリーと位置づけたい。以下、このカテゴリーを代表する庭園について観察してみよう。

第一章

鶴岡八幡宮

放生池と段葛

頼朝による創建

古都・鎌倉は、関東随一の古社寺の数を誇る宗教的聖地といってよい。中でもそれらを代表するのが鶴岡八幡宮《つるがおかはちまんぐう》である。

一八六八年の神仏分離までは、「鶴岡八幡宮寺」と呼ばれる寺とも神社ともつかない「宮寺」であった。宮寺とは、神は仏が姿を変えたものという「本地垂迹説《ほんじすいじゃくせつ》」から生まれた神仏一体の存在のことを指す。いわゆる「神仏習合《しんぶつしゅうごう》」のかたちである。

一一九二年、この地に鎌倉幕府を開いた源頼朝《みなもとのよりとも》は、その十二年前の一一八〇年十月、はじめて鎌倉入りを果たした。その翌日、頼朝がまず最初に行ったのが、海辺の由比若宮《ゆいわかみや》（本八幡）に参詣することであった（『吾妻鏡《あづまかがみ》』）。

由比若宮は、頼朝の先祖で鎌倉を本拠とした源頼義《よりよし》が、武神である八幡大菩薩《だいぼさつ》を祀る京都の石清水《いわしみず》八幡を勧請《かんじょう》したものという。頼義の子義家《よしいえ》はこの社で元服、八幡太郎義家と名のり、鎌倉に館を構えたわけである。さらにこの義家の子供が、頼朝の父、義朝《よしとも》であった。

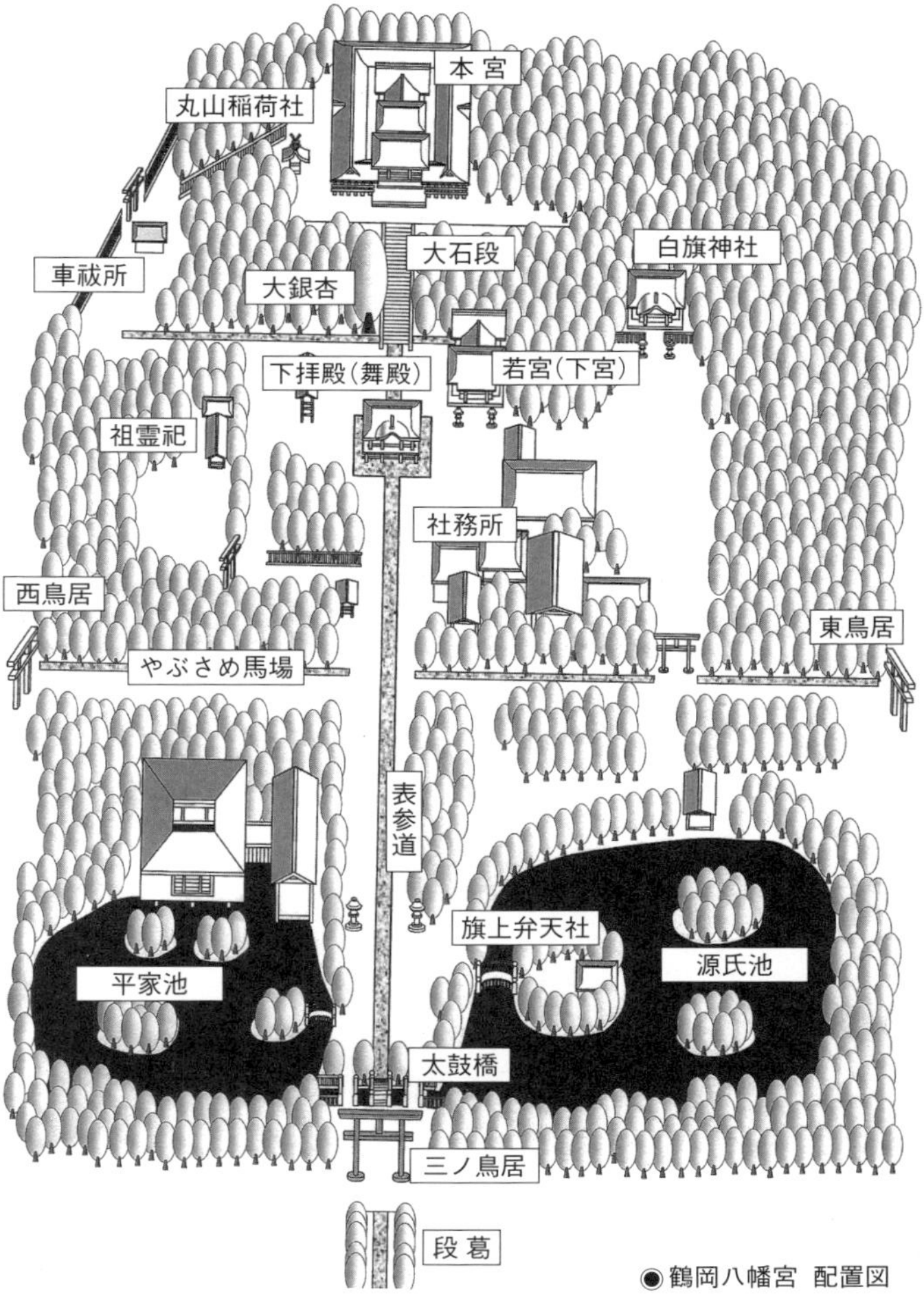
本宮
丸山稲荷社
車祓所
大石段
白旗神社
大銀杏
下拝殿(舞殿)
若宮(下宮)
祖霊祀
社務所
西鳥居
東鳥居
やぶさめ馬場
表参道
旗上弁天社
源氏池
平家池
太鼓橋
三ノ鳥居
段葛

◉鶴岡八幡宮 配置図

◉鶴岡八幡宮　本殿

◉元八幡宮

以後、鎌倉は源氏の本拠地として代々受け継がれ、頼朝にとって、最も重要な土地であったことになる。そして由比若宮は、源氏にとって氏神として崇拝されてきたのである。

『吾妻鏡』によると、頼朝は十月七日に由比若宮社を遥拝《ようはい》した後、早くも五日後の十二日、小林郷北山の麓に仮社殿を造り、由比若宮をこの地に遷座し、これをもって鶴岡八幡宮と命名したという。別当は伊豆山権現僧侶の専光房良暹《りょうせん》、頼朝の家臣大庭景義を造営奉行としている。

これより由比若宮社は「元八幡宮」と呼ばれるようになり、後世その周辺が宅地化されたため、地図上にすら表記されなくなったが、鎌倉市材木座の住宅街の中に、ひっそりと社が現存している（鎌倉市材木座一の七）。

「鶴岡」とは、元来現在の八幡宮の地名ではない。この地は小林郷といわれ、鶴岡とは元八幡のある場所を指し、由比ヶ丘の砂丘のひとつであったといわれる。

創建当初の鶴岡八幡宮の仮社殿は、松の柱や萱《かや》ぶきの軒といった粗末なものであったといわれ、翌一一八一年には、頼朝の家臣・土井実平と大庭景親の二人を造営奉行として、本格的な造営に着手したという。

また、同時に社殿から元八幡宮のある由比ヶ丘までの間に、段葛《だんかずら》（若宮大路《わかみやおおじ》）と呼ばれる参道を造営、これを主軸として鎌倉の町が形成されたのである。一一九一年の大火で社殿は全焼したが、翌一一九二年、あらためて京都の石清水八幡宮からご神体が勧請され、再建されたという。

放生池の造庭

一一八一年の段葛の造営は、頼朝の正室・北条政子《ほうじょうまさこ》の安産祈願のために行われたといい、三月十五日に着手されている。四月二十四日には、同様の安産祈願を目的に、社殿正面の境内入口へ儀式に用いる放生池《ほうじょうち》が造庭された。

この場所は「絃巻田《つるまきた》」と呼ばれる三町（約三万五千六百四十平方メートル）の水田であったもので、耕作を中止し、急きょ池が掘られた。造営を担当したのは、本殿と同じ頼朝の重臣・専光房と大庭景義であり、この庭を極めて重視したことがわかる。

というのも、社殿の工事が完了し、御神体を遷宮した八月十五日、頼朝もじきじきに臨席してこの池で放生会《ほうじょうえ》が行われているかに他ならない。以後、毎年この日が放生会の日付となり、放生池は放生会のほか、鶴岡八幡宮の重要な儀式を行う神聖な庭となったのである。

『吾妻鏡』によれば、参拝に来た頼朝は、境内にイバラがはびこり放生池周辺の瑞籬《みずがき》が草に覆われているのを見て、あわてて清掃させたといわれ、放生池は、社殿同様、聖なる場所として意識されていたものとみられる。

「鶴岡八幡宮寺社務職《しき》次第」によれば、五月十五日にはこの池を通過する参道上に朱塗りの太鼓橋が架けられ、「赤橋」と呼ばれたという。現在は三つの橋が架かるが、当初は中央の橋のみであった。

一二二一年には放生池のそばの、現在、神奈川県立近代美術館別館の建つあたりに「南谷雪屋」と呼ばれる氷室《ひむろ》があったといい、夏まで氷を貯蔵したという。

また、一二六六年九月、弁財天像が舞楽院に安置されたが、江戸時代に放生池の中島へ移されて「旗上《はたがみ》弁天社」となり、今に至るという。

現在の放生池の広さは、約一万千九百二十平方メートルであるが、かつては、この約三倍の広さがあったという。つまり「流鏑馬場《やぶさめばば》」の際まで池があったことになり、的に命中

◉鶴岡八幡宮　太鼓橋

◉鶴岡八幡宮　旗上弁天社

しなかった矢は、放生池に落ちて浄化されるしくみとなっていたという。

当初の放生池は、左右にヒョウタン型に広がる形状であったとみられる。東池には、創建時より三つの中島があり、これは「産」に通ずるから、北条政子の安産祈願を表現しており、源氏の発展を祈る「源氏池」とされる。東は日の出の方位、つまり太陽の「生まれる」方位である。

それに対して西池は、四つの中島があり、「死」に通じ、西は日没の方位、すなわち太陽の「死ぬ」西方浄土のある方位であり、これは宿敵平氏を呪う「平家池」とされ、全体として「源平池」と呼ばれるようになったという。ただし、源平池の名は江戸期に入ってから用いられるようになったものである。

これらの造形を考案したのは北条政子自身といわれ、東の源氏池には極楽浄土に咲く白い花をつけるハスを植えたという。また、西の平氏池には血の色をした赤い花を咲かせるハスを植えたといわれる。政子恐るべしといってよいだろう。

現在は、両方の花が入り乱れるように咲いているが、当初はまさに儀式の場として、祈願や呪術を意図した意匠をもっていたというのである。

これらの意匠のいわれが、後世の符会であるとするむきもあるが、例えば平家池の四つの中島をいったいどう解釈すべきなのか。中世の庭作りのテキスト『作庭記』では、池の中島を三神仙島と呼び、三つ浮かべることを説いている。その出典は、古く漢の武帝が建章宮の北に池を作り、不老不死の薬があるという三神仙島にたとえたことであるという。平安時代には、白河上皇が鳥羽離宮庭園にはじめて神仙島をつくったといわれ、その後

◉鶴岡八幡宮　源氏池

◉鶴岡八幡宮　平家池

寝殿造りや書院造りの庭に広く普及した。鶴岡八幡宮の源氏池は、その典型的な例であるといってよいだろう。

ところが、平家池には中島が四つある。四つの中島をもつ庭園は他に例がないのである。地質的には、四つの中島が創建当初からすべてあったことが明らかである。

日本では古来、偶数を忌み嫌う。例えば節句として祝う日付ひとつとってみても一月一日（元旦）三月三日（ひな祭）五月五日（端午）七月七日（七夕）九月九日（重陽）とすべて奇数であり、作庭においても奇数を重視してきたのである。

つまり日本では、奇数を吉、偶数を凶としてきたことがわかる。にもかかわらず平家池の中島は異例の偶数、しかも「四」＝「死」として最も忌み嫌われる数を意図的に採用したことになる。

これはやはり、呪術の意図があったと推測せざるをえないのである。断定こそ避けるものの、一考を要する問題だろう。

今日、放生池の中島や周辺には、シロシダレの木が植えられているが、これは一七三二年の『鶴岡八幡宮境内図』（鶴岡八幡宮蔵）にも描かれており、少なくとも江戸時代には植えられていたものが植え継がれたものとみてよい。これらのシロシダレは現在、天然記念物に指定されている。

シロシダレは、シダレヤナギの一種で、枝が垂れにくく、葉が短い。若葉がやや多毛なために白く見えることからその名がある。現在、放生池に七株、柳原の池に三株あり、八幡宮全体として十株が残る。

興味深いのは、そのすべてが雌株であり、受粉によって増えたのではなく、人工的に株分けされたことがわかる。放生池の景観は、このシロシダレに負うところが大きいといってよいだろう。

夏は池を覆いつくすほどハスが群生するが、ハスの少ない春は、池が水鳥の遊び場となる。カワセミやコガモ、カワウなどが潜水して餌をとり、また池畔ではハトやリスが戯れる。日本芸術は「花鳥風月」に代表されるといわれるが、ハスの花が咲き、水鳥が遊び、シロヤナギが風にそよぐ鶴岡八幡宮の放生池のことを言いつくして余りあるといえよう。

この放生池を描いた絵図は、すでに触れた境内図の他、一五九一年の『修営目論見絵図』、一八七一年の『鶴岡八幡宮境内絵図』、『相州鎌倉之図』（一六四八年）（すべて鶴岡八幡宮蔵）などがあるが、それらの描写は、今日の放生池の姿と大きな差は見られない。

現在、平家池には神奈川県立近代美術館や、喫茶店が建てられているが、景観は比較的乱されることなく保たれている。また源氏池周辺にも、ぼたん園や幼稚園などが造られているが、当初の姿をよく今に伝えているといってよい。

放生池での儀式

前述の通り、放生池は放生会を中心とした儀式の場として造られたもので、創建当初より祈願や呪術が行われてきた。

放生会は、前述の一一八一年の放生会以降、毎年八月十五日に行われてきたが、この日は三島神社の放生会の日付と同じであり、それを模した可能性は否定できない。毎年八月一日から殺生禁断を命じ、放生会では、鯉や鮒、亀や土鰌《どじょう》を放して翌十六日に流鏑馬を行い、神仏に一族の繁栄を祈願したのである。

頼朝も臨席したという一一八一年の放生会は、そのわずか三日前の八月十二日に北条政子が無事嫡男頼家《ちゃくなんよりいえ》を出産したことへの祝儀を兼ねたものであったとみられる。というのも、六月二十日、戌の刻（午後八時頃）、鶴岡周辺に謎の発光体が出現し、海岸へ飛び去るという異変があり、人々を恐怖に出産に暗い影を落としたからに他ならない。

一二〇三年七月二十日には、頼家が発病し重体となったので、陰陽師《おんみょうじ》が占ってみたところ、ずばり「霊神の祟《たた》り」という答えが出たという。そこでこの年の放生会は、八月十五日と十六日の二日にわたり入念に行っている。

一二一四年の五月二十八日には、長く続く干ばつのため、祈雨の祈祷を放生池で行ったところ、六月一日、夕方待望の雷鳴があったという。しかし雨は降らず、五日になってようやく念願の雨が降ったという。またこの年の放生会は、くしくも月蝕の日と重なり、異変を恐れた人々は月蝕の時間内にあわてて放生会を行ったという。

一二二二年にも干ばつが六月から一カ月続いたため、放生池で祈雨の祈祷を三日間行ったら期待通り雨を得たという。二年後の一二二四年の放生会は、北条義時《よしとき》が六月十三日に亡くなったため、九月に延期されている。

翌一二二五年六月十一日にはついに北条政子が亡くなったため、喪に服するために当然放生会も延期され、十一月二十二日に行われた。放生会をこれほど延期した前例はないという。

一二三〇年には天変地異が相次ぎ、北条泰時《やすとき》の娘が亡くなったので、同様に放生会を延期したが、その後も異変が続き、若宮の中門脇で死体が発見されたりしたため、放生会が行われたのは年末の十二月十五日であった。

このように見てくると、放生会の歴史は、祈願と呪術の繰り返しであったといってよいだろう。

放生会の起こり

こうした放生会の儀式は、果たしてどこから起こったのだろうか。その発祥は、八幡信仰の発端である現在の大分県の宇佐神宮にあるといわれる。

七二〇年、九州・日向《ひゅうが》の隼人《はやと》が反乱を起こした際、朝廷の祈願により同じく九州の宇佐神宮の氏子が八幡神を神輿に乗せて戦ったという。この時、百人もの隼人の首を持ち帰って葬った場所が、現在宇佐神宮の西約一キロの地にある「凶首塚」であるとされる。また、そのすぐ近くに隼人の霊を祠る百太夫殿《たゆうでん》が建立され、これが現在の「百体神社」であるという。

以後、八幡神は主に武家の信仰を集めることになるのだが、それは八幡神が隼人と戦った戦闘神であるからにほかならない。源氏が鶴岡八幡宮を守護神としたのも、同様の理由だろう。

七二四年には「隼人の霊を慰めるため、放生会をすべし」という八幡神の託宣があったという(『八幡宇佐宮御託宣集』)。そこで七四四年、八幡神を神輿《みこし》に乗せて、和間《わま》の浜へ訪れ、蜷《にな》や貝を海に放つ「放生会」がはじめて行われた。

その後、放生会は宇佐神宮の重要な祭礼として伝えられ、太陰暦の八月十五日、中秋の名月の日に毎年行われてきた。そのため、現在は「仲秋祭」と呼ばれる。

鶴岡八幡宮の放生会が、毎年八月十五日に行われてきたのも、八幡信仰発祥の宇佐神宮に習ったものといってよいだろう。

神泉苑との類似

鶴岡八幡宮の参道である若宮大路は、鎌倉時代にすでに平安京の朱雀《すざく》大路になぞらえら

◉神泉苑

れている。そしてその北端突き当たりの鶴岡八幡宮が大内裏に見立てられていたという。もしそうだとすると、八幡宮の放生池はいったい平安京の何になぞらえられるだろうか。

注目すべきは、若宮大路が鶴岡八幡宮にぶつかる位置の放生池に対応するかのように、朱雀大路が大内裏にぶつかる付近に神泉苑《しんせんえん》が位置することである。

七九四年、桓武《かんむ》天皇が平安京に都を定めると、その六年後の八〇〇年には早くも神泉苑を訪れ、舟遊びをしている。また跡継ぎの平城天皇も数回訪問し、以後歴代天皇が行幸することが習わしとなった。

八六三年には、疫病が蔓延したため、神泉苑にて、怨霊を鎮めるための御霊会《ごりょうえ》が行われた。当時は疾病が怨霊の仕様と考えられたため、それを封じようとしたのである。神泉苑はその名の通り泉の湧く池であり、泉から魑魅魍魎《ちみもうりょう》が噴き出して疫病を広めると考えられていた。そこで全国の国の数である六十六本の鉾を立て、神泉苑の池にくりこみ、厄払いをしたのである。

この神泉苑の御霊会が、後に京都の初夏の風物詩である祇園《ぎおん》祭へと発展する。夏に蔓延する疫病を封じるため、鉾に車を付け京都を練り歩くのである。明治維新までは、祇園祭の山車が神泉苑までやってきたという。

八二四年、東寺の空海と西寺の守敏《しゅんびん》が平安京の禁苑・神泉苑において、降雨祈願の法力を争ったという。この年の夏、干ばつが続き、困り果てた淳和《じゅんな》天皇は、空海に神泉苑で降雨祈願をするよう命じた。すると日頃空海と対立していた守敏が、自分に祈願させてほしいと願い出たというのだ。

その結果、守敏は七日間の祈願でわずかの雨を降らせるに留まり、それに続き祈願を行った空海は、わずか二日間で雨を大いに降らせることに成功したという。

このように見てくると、鶴岡八幡宮の放生池は、その位置だけでなく、祈雨や鎮魂といった使われ方まで、神泉苑に酷似していると言っても過言ではない。八幡宮の放生池の中島には、弁財天が祠られているが、神泉苑の中島にも同じく水の神・善女竜王が祠られているのである。放生池では毎年八月十五日に放生会を行うが、神泉苑でも九月九日に重用の行事を行ったのである。

興味深いのは、当初神泉苑が朱塗りの橋を中心に左右へヒョウタン型の二つの池を持っていたことである。そして、その片方を「放生池」と呼んだという。今日も神泉苑に架かる朱塗りの太鼓橋を「法成橋《ほうじょう》」と呼び、池を「法成就池《ほうじょうじゅ》」と呼ぶのは、「放生」の名残りであるといわれる。つまり、神泉苑においても八幡宮の放生池と同様、放生会を行なったことがわかる。

以上からみて、鶴岡八幡宮の放生池は、八幡宮や若宮大路を平安京の大内裏や朱雀大路になぞらえたのと同様、神泉苑に見立てられたとみてよいだろう。それゆえに創建当初から神聖視されたに他ならない。

段葛のパースペクティヴ

鶴岡八幡宮へ向かう若宮大路は、俗称「段葛」と呼ばれ、放生池とともに北条政子の安産祈願の目的で造られたことはすでに述べた通りである。

道の中央に一段高い石壇の道を築き、路肩が崩れないように葛石を両脇に置いたもので、現在は二ノ鳥居までしかないが、JR横須賀線開通前までは、海岸まで延び、浜辺直前に大鳥居が建っていたという。参道の両脇には、低木のツツジ約二千株と、高木のサクラ約三百本が植えられ、春には花見客でにぎわう。いわば、露地のような庭園の一種と見ても差し支えないだろう。

現在の石壇の原形は、江戸時代の二代将軍秀忠の造営によるものといわれる。創建当初の段葛は、現在よりも一・五メートルも低い位置にあったとされ、江戸期の富士山の噴火の際、一・五メートルもの関東ローム層が形成されたものである。

注目すべきは、段葛は、三ノ鳥居に近くなるほど幅が狭くなっていることで、その結果、先細りによる遠近感の強調が起こり、海側から見て実際以上に八幡宮が遠く見えるパース

◉ 若宮大路

◉ サン・ピエトロ広場

◉小堀遠州肖像

ペクティヴの効果を巧みに造り出すことに成功している。

　この先細りによるパースペクティヴのテクニックは、十六世紀ヨーロッパのルネサンス・バロック期の庭園や広場で大流行した手法で、ローマのサン・ピエトロ広場やカンピドリオ広場などに用いられた。日本には一六一三年、後陽成天皇の命により、キリスト教宣教師から宮廷庭園担当の幕府作事奉行・小堀遠州に伝えられたものとみられる。遠州は、このテクニックを日光東照宮や自らの隠居所孤篷庵忘筌《こほうあんぼうせん》の露地などに応用している。

　それでは、段葛のパースペクティヴは

果たして誰が考案したのだろうか。鶴岡八幡宮の社殿の多くは、一六二二年から一六二四年にかけて、徳川秀忠によって再建されたものである。上宮・下宮・仁王門、大塔、護摩堂、輪蔵、薬師堂、神楽殿、愛染堂、六角堂などが再建されたという。そして、同時に現在の段葛の原形が造られ、パースペクティヴの効果もこの時造り出されたとみられる。

興味深いのは、この時期小堀遠州は、幕府作事奉行として江戸詰めであった点である。遠州がこの時期、幕府の造営した重要な建築のほぼすべてにかかわっており、鶴岡八幡宮や段葛の造営に関与した可能性は高いといえよう。

よって、段葛のパースペクティヴも、遠州の関与によるものと考えたいが、決定的証拠に欠けており、参考としておこう。

段葛と浅草寺の自然暦

現在の若宮大路である段葛が、平安京の朱雀大路になぞられたことは既に触れたが、朱雀大路が正確に南北に向くのに対し、段葛は二十七度ほど東にふれている。その理由として、石切山や祇園山が邪魔であったためであるとか、朱雀大路が比叡山と東山を結んだ線と平行に船岡山から延ばしたものであるのに対し、段葛が天台山と衣張山を結んだ線と平行に十王岩から延ばしたためであるなどの説がある。

しかし、ここでは段葛の奇妙な方位について、東京浅草の浅草寺との関係から注目してみたい。

一一八〇年、源頼朝が鎌倉に入る前、頼朝は関東随一の古刹浅草寺で戦勝祈願を行っている。一一八一年五月には、頼朝が鎌倉入りの途中で立ち寄った武蔵国・浅草寺の宮大工を召し寄せ、鶴岡八幡宮の大改築造営が行われたという。わざわざ浅草寺から大工だのは、浅草寺が関東全体の総鎮護の寺院であるからに他ならない。そこで、段葛の軸線を江戸の方向へ延長してみると、鎌倉称名寺（今泉不動尊）を通過し、また、浅草寺を通過、さらに筑波山々頂へと達したのである。

称名寺は、今泉不動の名で知られる浄土宗の古刹で、初めは円宗寺と称した。一一九二年、源頼朝が征夷大将軍に就任した際に頼朝にその地を指定されて創建され、頼朝の深い信仰を得たという。

また浅草寺は、六二八年創建の江戸最古の寺院として知られ、いうまでもなく関東全体

◉浅草寺　本殿

◉今泉不動尊　不動明王石仏

◉筑波山

の総鎮守である。源頼朝が鎌倉入りの際、浅草寺を参拝し、また鶴岡八幡宮の大改築の際にも浅草寺の大工を召し寄せたことは、すでに触れた通りである。さらに、浅草寺は頼朝の父・義朝も深く帰依し、修理まで担当したという。頼朝は文中年間にこの寺へ寺地三六町を寄進し、諸堂を増改築したとされる。さらに鎌倉幕府の祈願所に定めたという。後白河天皇の四十九日の法要を鎌倉の勝長寺で行った際は、頼朝がわざわざ浅草寺から僧侶三名を召いているほどにその関係は深かったとみられる。

さらに筑波山については、説明の必要がないほどの著名な山だが、一応触れておけば標高八七六メートルとさして高くない山にかかわらず、西の富士山、東の筑波山と並び称される古来から数多くの詞歌にうたわれた名峰である。筑波山神社の御神体でもあり、富士と並んで関東を代表する山岳崇拝の信仰の場であった。

すなわち、鶴岡八幡宮の遷地は、もとの鎮座地・元八幡と浅草寺、あるいは筑波山を結ぶ軸線上に選定されたとみてよいだろう。というのも、鶴岡八幡宮の地は墓地であった。一九八二年の発掘の結果、多くの墓石と土葬骨が発見されたという（松尾宣方『鶴岡八幡宮境内発掘調査報告書』）。つまりどうしても軸線上に遷地するために、無理をして墓地を

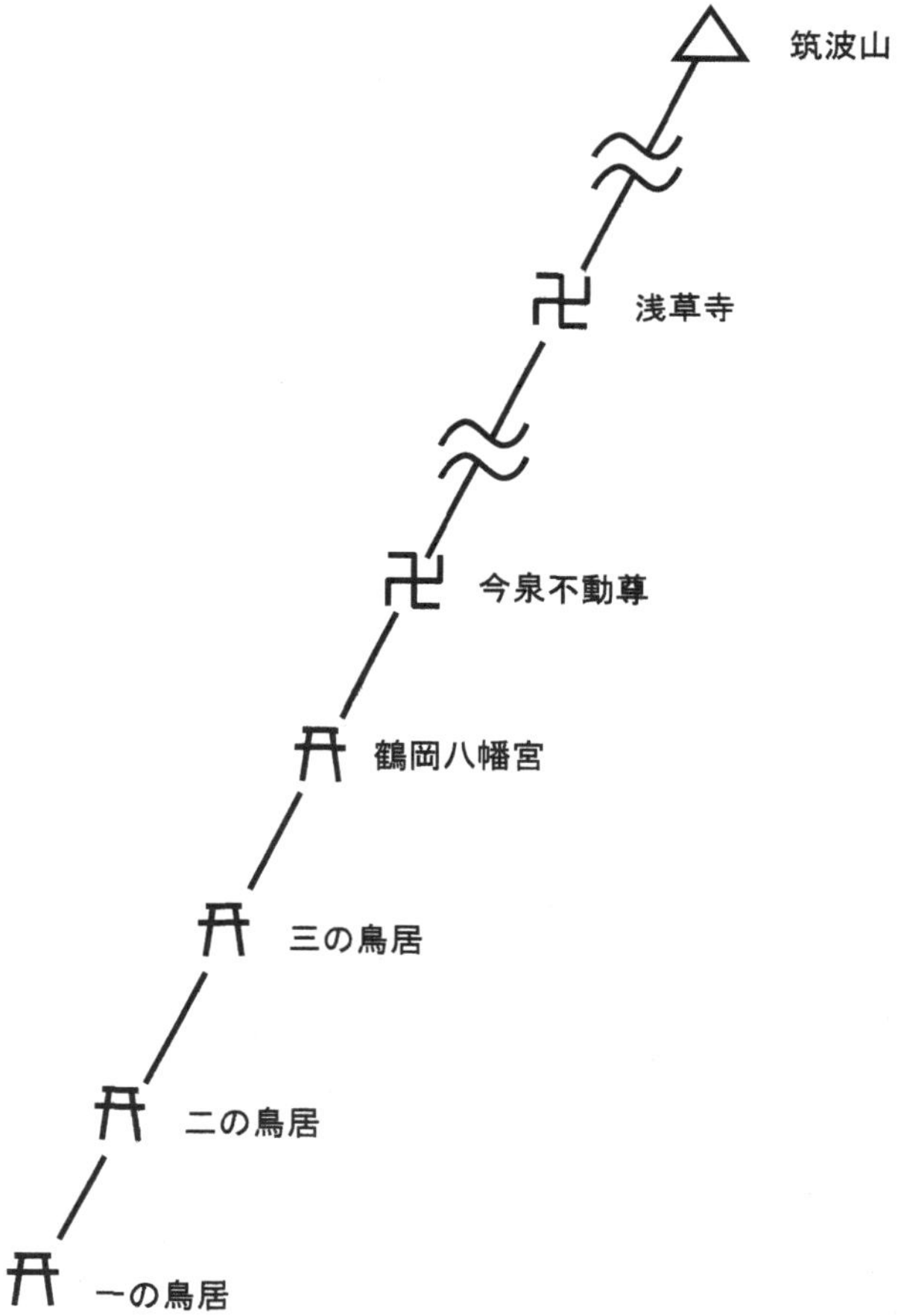
筑波山
浅草寺
今泉不動尊
鶴岡八幡宮
三の鳥居
二の鳥居
一の鳥居

◉若宮大路の軸線

遷地する必要があったものと推測できる。そして、頼朝の将軍就任の年、この軸線を強化するために称名寺が軸線上にさらに創建された可能性が示唆できるのである。

称名寺には、有名な二つの滝と不動尊の石仏のある庭園がある。また、浅草寺にもあの小堀遠州が造ったという伝法院庭園がある。

つまり、レイラインによって鶴岡八幡宮の放生池を含めた三つの庭園が連結されていることになる。しかも、その両端の段葛と伝法院庭園はどちらも遠州関与の可能性をもつのである。あなたはこれらの符号を単なる偶然と片付けることができるだろうか。

第二章

建長寺

蘸碧池と大覚池

日本最古の禅寺

建長寺は、円覚寺《えんがく》、寿福寺《じゅふく》、浄智寺《じょうち》、浄妙寺《じょうみょう》とともに、禅寺の格をあらわす鎌倉五山の第一位の禅宗寺院（臨済宗《りんざいしゅう》）である。正式には「巨福山建長興国禅寺《こふくさんけんちょうこうこくぜんじ》」といい、一二五三年、鎌倉幕府五代執権・北条時頼《ときより》が創建した。禅寺として日本最古の歴史を誇る。

京都の延暦寺や東京の寛永寺などとともに、年号を寺名とする位の高い寺である。

建長寺の建つ土地は、もと地獄谷と呼ばれ、遺体を捨てた風葬の地であり、また処刑場であったという。これを裏付けるように、境内を描いた絵図には「地獄谷埋残」や「わめき十王跡」など、地獄にちなむ記述が散見される。

もともとこの地は、亡き人の菩提を弔うために、路傍の死者を救うという地蔵菩薩を本尊とする心平寺《しんぺい》があり、その地蔵堂をもとに再建されたという。大寺院には珍しく、建長寺が地蔵菩薩を本尊としているのは、そうした理由によるものである。丈六（約五メートル）の迫力ある地蔵菩薩を祭る仏殿は重要文化財に指定されている。

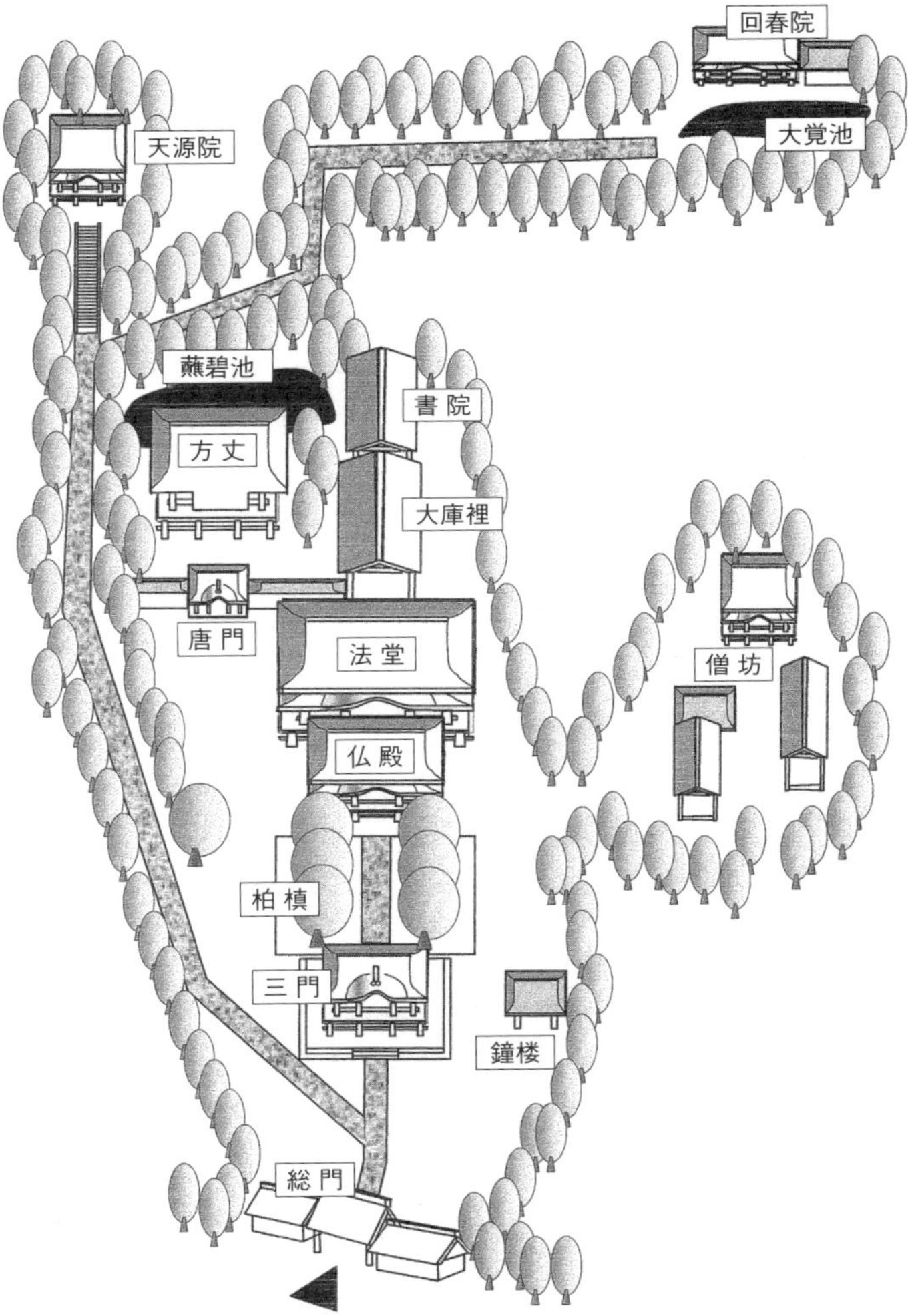

◉建長寺 配置図

◉建長寺　方丈

◉建長寺　地蔵菩薩像（本尊）

創建当初は、宋《そう》の径山万寿寺《けいざんまんじゅ》の伽藍を写したいわゆる禅宗伽藍（七堂伽藍）をもっていた。総門、三門、仏殿、法堂《はっとう》、方丈が一直線上に並ぶのを特徴とし、三門から回廊が仏殿につながっていた。

開山時の僧は、宋から招いた蘭溪道隆《らんけいどうりゅう》（大覚禅師《だいがくぜんじ》）であり、その後も無学祖元《むがくそげん》、一山《いちざん》一寧《いちねい》など渡来僧の入寺は九名を数えた。一三三三年頃には全僧侶数は三百九十名を超えるものだったといわれる。日本に禅を定着させた中枢が建長寺だったのである。

しかし創建後、わずか四十年後の一二九二年にして大地震により堂宇は倒壊、焼失してしまう。一三一五年には五重塔が炎上、一四一四年には失火で全山の建物すべてを失ったという。その後、一四二六年にも火災に遭っている。

これらの復興費用の捻出には困難を極め、一三二五年には、本山に援助を求める建長寺船が元に派遣されている。江戸時代になり、徳川幕府によって一六四七年、仏殿や唐門を寄進され、一時は復興したものの、一九二三年の関東大震災によって建物のほとんどが倒壊してしまった。

現在の伽藍は、その後の再建、移建、修復によってかなりの復興をみており、諸堂が一直線に並ぶ禅宗伽藍も整っている。創建当初、四十九院を誇った塔頭（子院）は、現在も十一院を数える。なお境内はすべて国の史跡に指定されている。

禅宗伽藍と柏槇によるヴィスタ

建長寺の三門を潜ると、誰もが驚かされるのが、柏槇《びゃくしん》の大木である。柏槇の木を前栽として、三門から仏殿の軸線上に配するのは、宋風禅宗伽藍の様式の一つであり「前栽列樹《ぜんさいれつじゅ》」と呼ばれる露地庭園の一種である。

「十境」などといって、自然の風情を尊び、それを修行そのものと考える禅宗では、自然縮図である庭園を伽藍に設けるのは当然の成り行きであったといってよいだろう。

柏槇は、和名ではイブキ、通称「伊吹《いぶき》柏槇」ともいう。原産地は中国で、常緑の喬木である。

建長寺の柏槇は、仏殿前に七本の古木と若木一株があり、寺伝では、開山・蘭溪道隆が宋から苗木あるいは種子を持ってきて植えたものといわれる。禅寺の多い鎌倉には古い柏槇は約二十本現存するが、建長寺の木が最も古く、しかもそのうちの七本を占めており、

◉建長寺の柏槇の大木

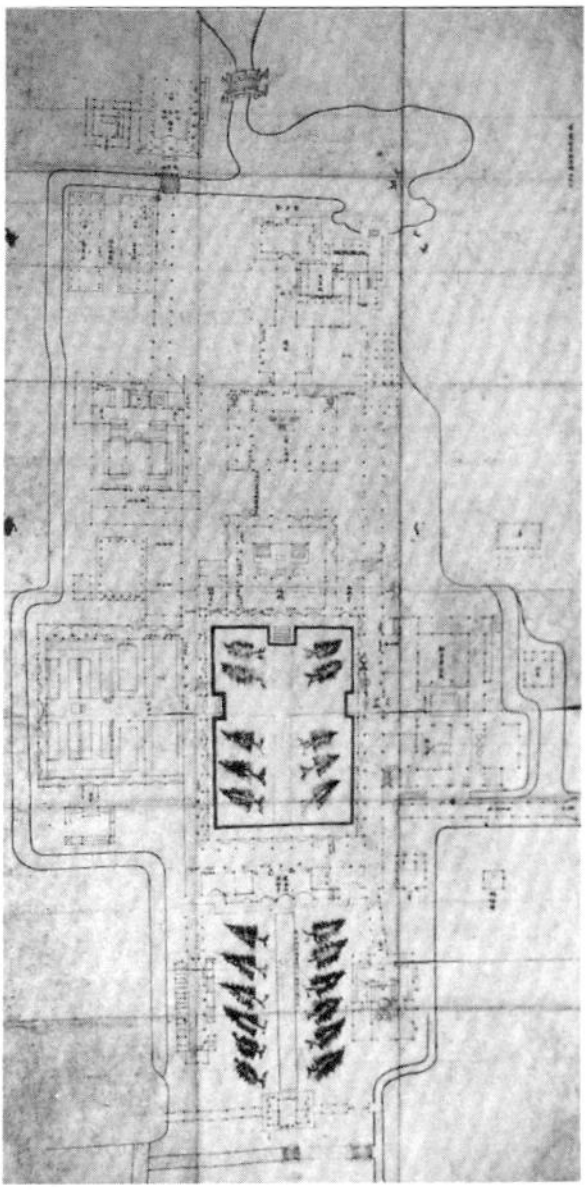

◉「建長寺指図」（建長寺蔵）

前栽列樹の庭園形式を今に伝える貴重なものである。

一三三一年に描かれた「建長寺指図」（建長寺蔵）を見ると、総門と三門の間に左右対称に十二株、三門と仏殿の間に同じく左右対称に、十株の鉾杉《ほこすぎ》形に描かれた柏槙の若木を確認することができる。現在の古木のうち何本かは、その年輪から樹齢約七百五十年であることがわかり、創建時の柏槙とまずみてよいだろう。

それらは高さ約十三メートル、幹回り約七メートルの巨木で、国の名勝史跡と鎌倉市の天然記念物に指定され、新日本名木百選にも選出されている。

かつての建長寺は、総門を入るとまずこの柏槙が左右対称に峙立する参道を、三門をアイストップとして進んだことになり、両脇を遮蔽して目前の目印のみを見せることにより、遠近感を強調するいわゆる「ヴィスタ」の効果を持っていたことがわかる。さらに、三門から仏殿においても同様のしくみを形成していたことになる。

ヴィスタのテクニックは、ヨーロッパでは一五八五年頃、シクストゥス五世がローマの七つの寺院を直線街路で結ぼうとした計画にはじめて用いられたといわれてきた。その後、イタリアのルネサンス・バロックの庭園や都市に応用され、さらにフランスの造園家ル・

◉ローマ　メディチ家庭園のヴィスタ

ノートルが発展させ、ヨーロッパ全土に波及したというのが通説である。しかし、建長寺のヴィスタは、一三三〇年代にはすでに用いられていたことになり、西欧より約二百五十年も早かったことになる。

蘸碧池庭園

方丈（龍王殿）の背後には、寺伝によれば開山・蘭溪道隆が作庭した名勝史跡に指定される庭園がある。「蘸碧池《さんぺきち》」あるいは「心字池」と呼ばれる池を中心に、石組と植栽を施したもので、一三三一年の「建長寺指図」（前掲）にもすでに描かれており、そのルーツは建長寺創建までさかのぼる。

近年の発掘によれば「建長寺指図」に描かれている通りの、現在の茶店一体を取り込んだ大庭園であったことが裏付けられた。ただし、創建の頃の方丈「得月楼《とくげつろう》」は、現在の方丈付近にあったとみられ、全体に池が現在より東よりであった。また、西北に遣水（池に水を導く小川）があったとみられる。

現在の庭園は、園内に建つ一六九二年の銅碑の記述から、寛永年間（一六二四年～一六四四年）に三代将軍徳川家光による境内の修復の際、同時に整備されたものという。『最岳和尚遺稿《さいがくわじょういこう》』の一六四一年の条に、「方丈再建慶讃」とあることから、この年「聴松軒《ちょうしゅうけん》」と呼ばれる方丈が再建されたことがわかり、おそらく庭園もそれに合わせて今日の形に整備されたものとみられる。

『鎌倉志』によれば、寛永年間に整備された庭園が聴松軒の庭であったと述べ、それを裏付けている。また南北朝時代、同地に庭があったことも記されている。

一六七八年に描かれた「建長寺境内絵図」（建長寺蔵）を見ると蘸碧池の記述とともに、現在と大きく変わらない池が描かれているのが確認できる。なお、この図によれば、蘸碧池の北西に池があり、そこから南へ遣水が流れていることがわかる。この池は、今日失われているが、遣水は現在も小川として整備され、その姿を忍ぶことができる。

現在の蘸碧池の庭園は、築山が東から西へなだらかな起伏を見せ、それと平行して池泉が横たわる。方丈から見て、左右から池の中央へ延びる岬をもち、池に鶴島、亀島と呼ばれる中島が浮かび、橋が架かる。

東北の山畔には枯滝《かれたき》石組があり、また北の山畔にも蓬莱《ほうらい》石組が施されている。

◉建長寺 蘸碧池

◉「建長寺境内絵図」（建長寺蔵）

二〇〇四年度、庭園は大改修を受けたが、池辺には石組の他、橋や松などが残され、典型的な江戸初期の庭園様式を示す。なお「元亨釈書《げんこうりゃくしょ》」によれば、池辺に「霊松」と呼ばれる老松があったといい、前述の『建長寺境内絵図』にも描かれている。今日の池辺の松も、その名残である。

心字池とは

現在、蘸碧池を寺では江戸時代から「心字池」と呼んでいる。

心字池は、一般に心の文字を池の形にしたものといわれ、横長の池に島を二つ横に並べたものといわれる。禅僧にして作庭家として著名な夢窓疎石の作庭（改修）した京都の西芳寺の池がそうなっていることから、疎石の好みであるともいう。

しかし、疎石はこの池を「心字池」と呼んだことは一度もなかった。彼はこの池を「黄金池《おうごんち》」と名付けている。疎石は鎌倉時代を代表する高僧として知られるが、それほどの高僧が「心」などという文字の形象にこだわったとはなはだ考えにくいのである。

疎石が作庭した京都・臨川寺《りんせんじ》三会院《さんねいん》には、自らの筆になる「師月」の額があり、これは

「月を師とする」という意味であり、後に述べる疎石作庭になる端泉寺《ずいせん》の「天女洞」は別名「水月観道場」といって、疎石はここで座禅を組み、池面に映る月を眺めたという。同じく疎石作庭になる岐阜の永保寺庭園にも「水月場」があり、池に映る月を見て修行したという。

日本庭園に多大な影響を与えた中国の詩人・白楽天《はくらくてん》は「池似鏡」と言っているが、池は人間の姿、心を映し出す鏡であるとされた。この有名な語句から、金閣寺の池は「錦鏡池《きんきょうち》」、銀閣寺の池も「鏡湖池《きょうこち》」と命名されたといわれ、のちに、どちらも心字池と呼ばれるようになった。

つまり、心字池というのは、「心」という文字の形に池を造ることではなく、禅の修業に用いることができる心を映し出す鏡としての池のことを意味しているのではないだろうか。

疎石の『夢中問答集《むちゅうもんどうしゅう》』に「志《こころざし》は煙霞《えんか》（自然）にあり」という有名な言葉があるが、疎石が、数多くの池庭を手掛けたのは、自然の移り変わりにこそ、輪廻《りんね》という本質があることを諭す目的があったとみられる。「師月」というのは、月の満ち欠けが輪廻をあらわすことから「志は煙霞にあり」をさらに簡潔にした言葉だろう。「山水に得失《とくしつ》なし、得失は人の心にある」とも言っていることに、心字池の真の意味が含められているといえよう。心字池の初見は『日本書紀』の「池心宮」であるとか、『和漢朗詠集《わかんろうえいしゅう》』の「出荷池底」あるいは『源氏物語』の「池の心広くなして」などといわれるが、これらの「池心」とは池の中心あるいは池の底という意味で用いられたもので、「心」の文字とは全く関係がない。心字池なる名称が盛んに用いられるようになったのは、主に江戸時代である。江戸以降、中にはその意味を誤解して、心の文字の形に池を造った例もあったかもしれないが、本来は白楽天のいう心を映し出す鏡としての池が、禅宗寺院の修行の場として作庭されたとみるべきだろう。

夢窓疎石関与の可能性

それでは、前述の一三三一年の「建長寺指図」に見られる蘸碧池の原形は果たして誰が作庭したものだろうか。寺伝では、開山の蘭渓道隆を第一にあげており、確かに道隆は山梨の東光寺の庭や天龍寺の龍門瀑を作った作庭家でもあった。

『元亨釈書』の道隆伝によれば、道隆の時代、建長寺方丈前にすでに池と松があったと述べられ、この池が道隆の作庭である可能性は高いといえよう。しかし、この頃の方丈は『蘭渓道隆頂相自賛《ちんぞうじさん》』によれば「観瀾閣《かんろんかく》」と呼ばれていたといい、一二六一年頃の建立とみられる。すでに述べた通り、建長寺は一二九二年の大地震で破壊され、以後記録に観瀾閣の名が消えることから、この災害で失われたものとみられる。

次に方丈が記録に表れるのは、『一山録《いちざんろく》』の一三〇一年の条で、「方丈得月楼成る」とある。前述の一三三一年の「建長寺指図」にも、池庭の描写とともに得月楼の記述があることから、この図の描写は一三〇一年に整備された方丈と池庭の姿を写したものといってよいだろう。

この一三〇一年、くしくもあの夢窓疎石が建長寺の住持、一山一寧の招きに応じて、建長寺で一年間修行しているのである。疎石は、その二年前も建長寺の一山一寧に参じており、一三〇二年に一山一寧が円覚寺住持を兼務すると、疎石もともに円覚寺へ移っている。二人の禅における結びつきから考えて、当時すでに作庭家として著名であった疎石が、一三〇一年の得月楼完成の際、蘭渓道隆の作庭した庭を改修した可能性は否定できない。

◉天龍寺　龍門瀑

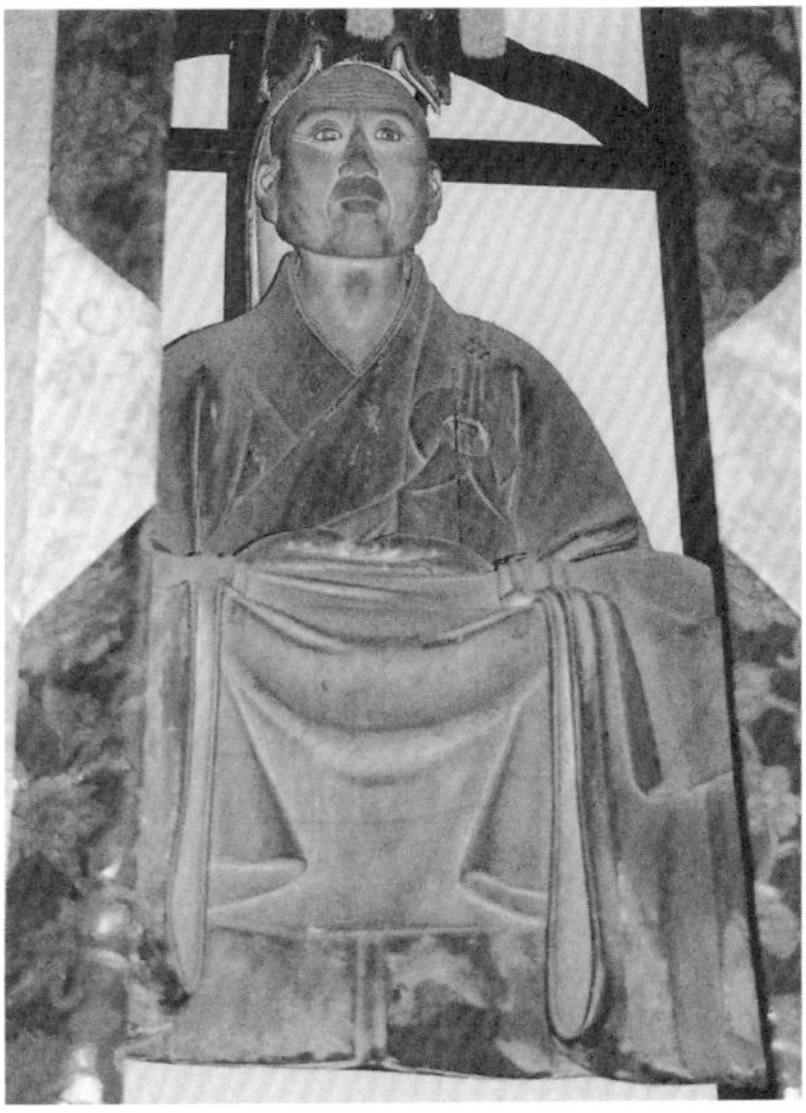

◉夢窓疎石像（等持院蔵）

一三三九年に創建された天龍寺庭園は、西芳寺庭園とともに疎石の代表作のように言われているが、天龍寺庭園がもと亀山離宮であった頃に道隆が造った庭を疎石が改修したものである。当時、道隆の造った庭を改修できる腕をもった作庭家は、疎石をおいて他には存在しなかったのだろう。

現在の蘸碧池が、天龍寺庭園に似ているといわれるのも、あるいは天龍寺庭園にもかかわった道隆や疎石の意匠を今に伝えているのかもしれない。どちらにしろ、疎石関与の可能性は、いまだあるといってよいだろう。

小堀遠州関与の可能性

それでは、一六四一年の江戸期の改修は、いったい誰が担当したのだろうか。この時の造営が三代将軍徳川家光による造営であったことは、すでに触れた通りである。

一六三八年、家光の命により、二代将軍秀忠の夫人崇源院《そうげんいん》菩提のため、崇源院に仕えたお江の方の鎌倉庵室を移建し、頭塔《たっちゅう》・正統庵《せいとうあん》を中興している。また一六四七年には、徳川秀忠夫人お江の方をまつる芝・崇源院御霊屋《おたまや》の旧殿を、建長寺の仏殿として移建、同時

◉建長寺　仏殿

◉建長寺　方丈前唐門

に旧芝崇源院御霊屋の二門を、方丈前唐門、西来庵唐門として移建した。その他、寛永年間に家光によって建長寺全般の寺観が整えられたのである。

工事を担当したのは、当然この時期の幕府作事奉行であった。それでは、蘸碧池庭園を担当した作事奉行は誰であろうか。

当時、庭園の改修を行える作事奉行は、小堀遠州しかいないのである。一六四一年には、遠州は六十三歳の重鎮であった。この年は、京都の寛永度内裏《だいり》の工事のため、江戸と京都を行き来する生活を送っていたとみられ、鎌倉へ直接訪れることは不可能であったと思われる。

しかし、遠州の造った庭園の多くは、指図を描くだけであって、幕府関係や皇室関係以外の物件は、ほとんどが遠隔操作によって現地へ庭師を派遣することで行われたという。例えば、南禅寺金地院の庭園は、配下の庭師・賢庭《けんてい》を派遣して作庭したものであるし、自らの隠居所、京都の孤篷庵ですら、江戸からの遠隔操作で造られたものである。果たして遠州が遠隔操作で建長寺の庭園改修に参画する可能性はあるのだろうか。

興味深いのは、遠州のパトロンとでもいうべき存在が、幕府の宗教担当ブレーンであった金地院崇伝《こんちいんすうでん》であったことである。崇伝が住持であった南禅寺の方丈前庭や、金地院方丈前庭、金地院東照宮、金地院茶室など、崇伝の依頼により、遠州は数多くの物件を手掛けている。崇伝は禅の法系でいうと建長寺の開山、大覚禅師の一派、いわゆる大覚派につらなる僧であったため、建長寺の復興を強く後押しした。

『本光国師日記』によれば、一六二六年、建長寺は崇伝に西外門の文字を依頼し「天下禅林」の筆を得ている。芝・増上寺金地院に住した崇伝は、それを縁として、一六四七年、芝・崇源院御霊屋とその二門が建長寺に移建となったのであり、遠州に建長寺の道隆、疎石作の伝承をもつ庭園の改修に関して相談することは、たやすかったとみられる。

また、家光にしても、江戸城二の丸の山里曲輪《やまざとくるわ》の作庭や、日光東照宮造替《ぞうたい》の相談役、京都上洛の際の水口《みなくち》城の造営など、すべて遠州にまかせていたことからみて、庭園改修の相談役として最もうってつけの人物であったと思われる。

現在の蘸碧池を観察すると、南禅寺方丈前庭や金地院方丈前庭、大徳寺方丈前庭で遠州が試みた奥行きの遠近感を強調するパースペクティヴの手法が見いだされる。すなわち南禅寺や大徳寺方丈前庭で試みた向かって、石組や植栽の高さを右から左へ徐々に減じる手

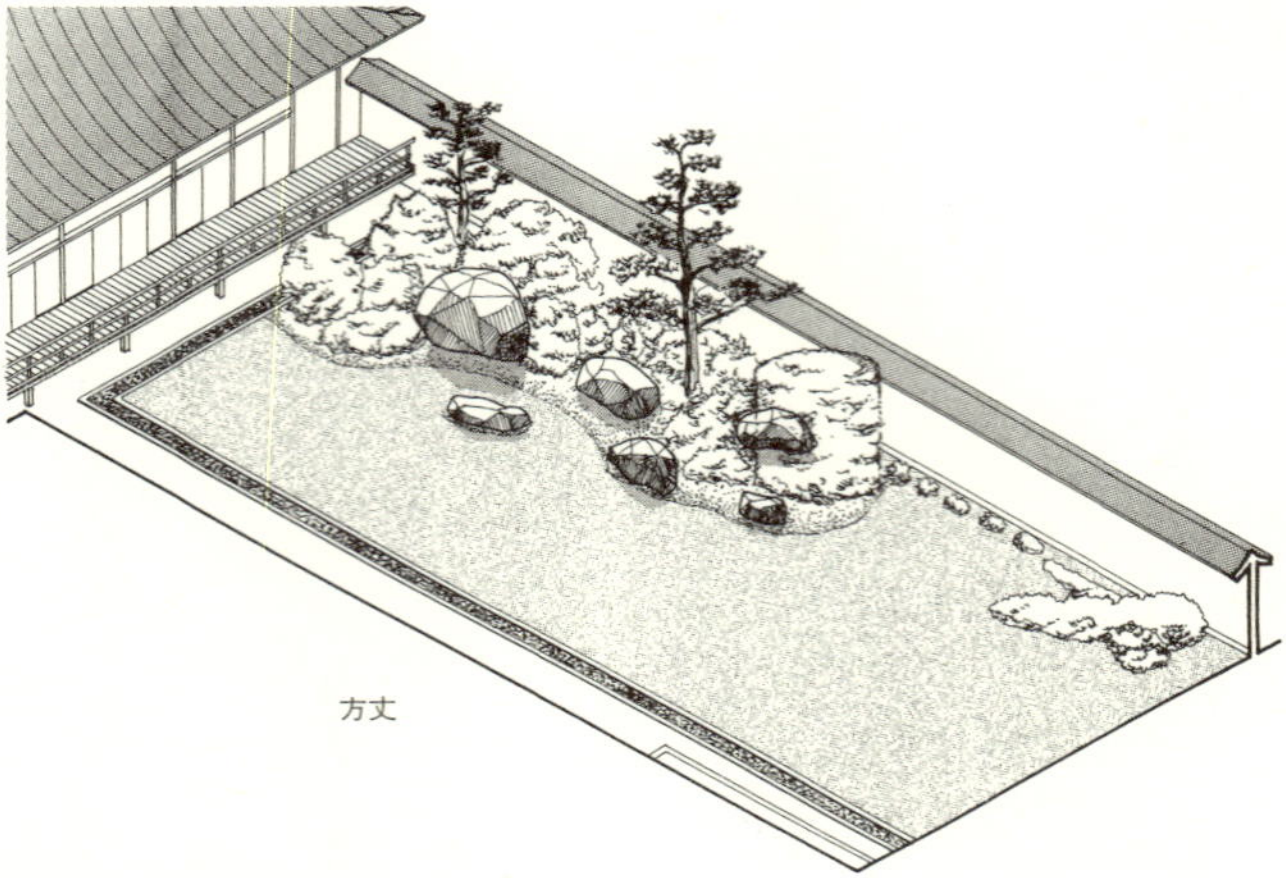

◉南禅寺　方丈前庭

法、また金地院方丈で試みた奥に行くほど地盤が高くなる手法である。また、薄く、むくりのついた石橋や、直線的な舟付なども遠州好である。さらに鶴島、亀島という意匠も、遠州が金地院方丈前庭や品川・東海寺、堀田《ほった》加賀守《かがのかみ》の「祝儀之庭《しゅくぎのにわ》」などに用いて流行させたものである。

その他「鎌倉アルプス」と呼ばれる標高百五十メートルほどの大平山を蘸碧池は借景しているが、この「借景」という作庭手法を江戸時代に復活させたのも遠州である。江戸城西の丸山里では富士山を、頼久寺では愛宕山《あたご》を、清水寺成就院《じょうじ》

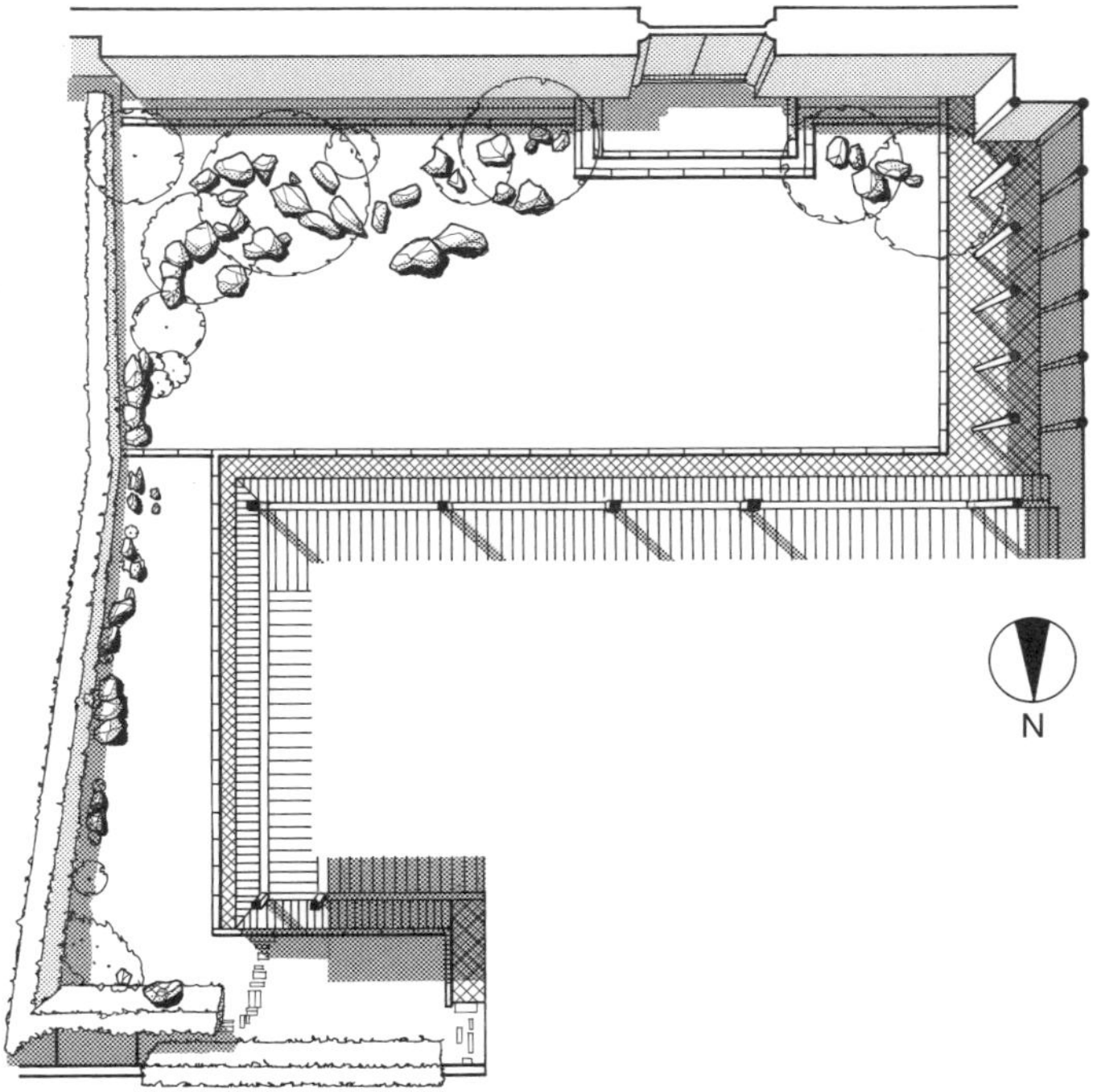

◉ 大徳寺　方丈前庭

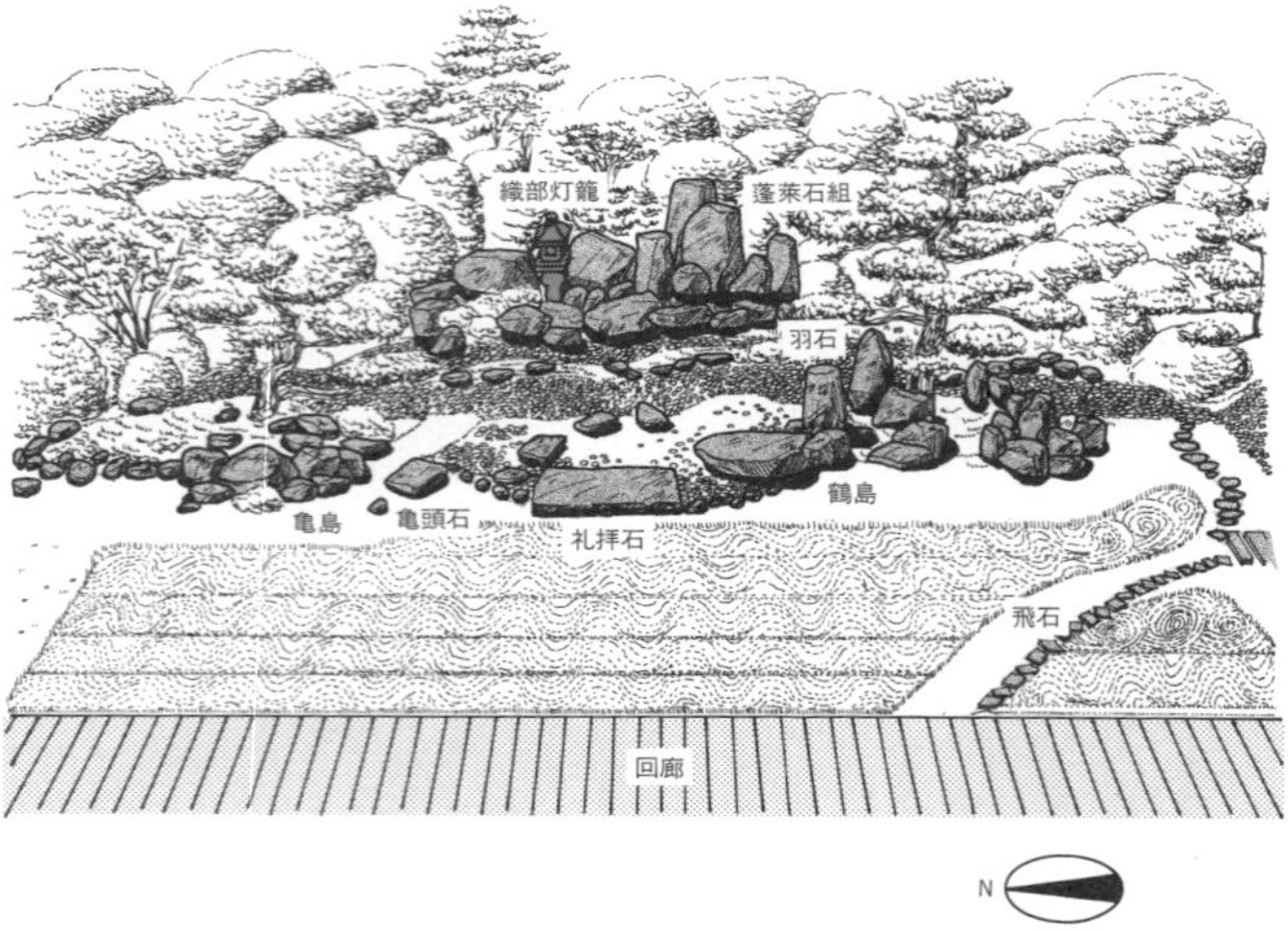

◉南禅寺金地院　方丈前庭

◉回春院　大覚池

では音羽山を、大徳寺方丈前庭では比叡山を、南禅寺方丈では大日山を借景としたのである。
このように見てくると、蘸碧池庭園への遠州の関与の可能性もいまだ残されているといえよう。遠州の作品リストとでもいうべき『小堀家譜』にも蘸碧池の記述はないが、例えば遠州関与が確実な金地院などの記述もなく、非公式な仕事は載せなかったともとれる。今後の新資料発掘に期待したい。

回春院大覚池庭園

蘸碧池の脇の道は、ここで左右に分か

れる。右の道を進んでいくと、やがて塔頭・回春院《かいしゅんいん》の山門が見えてくる。

回春院は、建長寺の住持二十一世であった玉山徳璇《ぎょくざんとくせん》（仏覚禅師）の塔所である。徳璇は、建長寺創建のごく初期から、開山・蘭渓道隆を師とした人物で、退寺後山腹に回春庵を結んだといわれる。

回春院の名称は、道隆の語録に「深山幽谷《しんざんゆうこく》の面々は春に廻る」から命名されたもので、回春院の庭園である大覚池のほとりには、現在も春には桜が咲き乱れる。本尊は十七世紀に刻まれた知恵をつかさどる文殊《もんじゅ》菩薩《ぼさつ》像で、この他玉山徳璇像や、万治二（一六五九）年の銘のある韋駄天《いだてん》像が伝わる。

この塔頭を著名にしているのは、墓地に作家・葛西《かさい》善蔵《ぜんぞう》、五味《ごみ》康祐《こうゆう》、斉藤十一《さいとうじゅういち》の墓があることで、献花が絶えない。

一六七八年の「建長寺境内絵図」（前掲）を見ると、現在の大覚池の北に「回春庵跡」の記述があり、現在は杉が植林されている。

さらに北へ進むと、「朱垂木《しゅたるき》やぐら」と呼ばれるやぐらが残る。鎌倉のやぐらの多くが、当初の壁画を失っているのに対し、この回春庵跡のやぐらは、仏の線画を残す貴重な遺構である。さらに付近には鎌倉石の石切場跡があり、おそらく建長寺の石材もここから切り出されたとみられる。

回春庵は、数多くの禅籍中国古文学書を出版したことで知られ、円覚寺の続燈庵《ぞくとうあん》とともに、関東における禅宗寺院の出版事業の中心でもあった。また寺子屋教育を行ったといわれ、本尊が、「三人よれば文殊の知恵」といわれる知恵をつかさどる文殊菩薩であるということも、こうした文化活動と決して無関係ではないだろう。

現在の回春院の大覚池は、寺伝によると開山・蘭渓道隆が、建長寺の創建にともない、境内一帯を水害から守るために自ら築造した調整池といわれ、鎌倉時代の貴重な歴史的土木遺産である。池は山門から谷戸に奥深く食い込んでおり、全体が三つの幽谷谷戸《やと》で構成された水瓶のようになっている。

谷戸から大覚池へ流れ込む湧き水があり、現在も調整池として機能しているという。池にはスイレンが群生し、最近はキショウブが増えているという。

古くからタラヨウとコノデガシワの木が池辺に名木としてあったことが知られ、六月から七月には、源氏ボタル、平家ボタルが飛び交うという。『新編鎌倉志』によれば、池には常に大亀がいたという。

このようなため池をルーツとした池庭は、いくつか現存しており、京都と奈良の県境にある浄瑠璃寺などがその代表である。大覚池の存在は、鎌倉でもあまり知られていないし、池庭も荒廃が進み、自然に返ろうとしているかのようだが、鎌倉時代の遺構として再評価が強く望まれる。

第三章

円覚寺

白鷺池と妙香池

鎌倉五山二位

ＪＲ北鎌倉駅に最も近い寺院が円覚寺である。そのことが円覚寺を最も親しみやすい寺としている。

ＪＲ横須賀線が開通したのは一八八九年。横須賀線はもともと、軍港であった横須賀へ物資を運ぶ軍用列車の路線として開通したものである。

当時、まだ北鎌倉駅は存在せず、北鎌倉を訪れる観光客は鎌倉駅を利用していた。一九二六年、北鎌倉の住民によって夏の観光シーズンだけ列車が停車する「夏期簡易停車場」を設けてほしいという陳情書が出された。この陳情書の署名には、建長寺や円覚寺の住持の名前もあったという。

かくして一九二七年、北鎌倉の仮駅が誕生し、一九三〇年には常時列車が停車する正式な駅となったわけである。北鎌倉駅がつつましやかな建物であるのは、こうした経緯によるものだ。

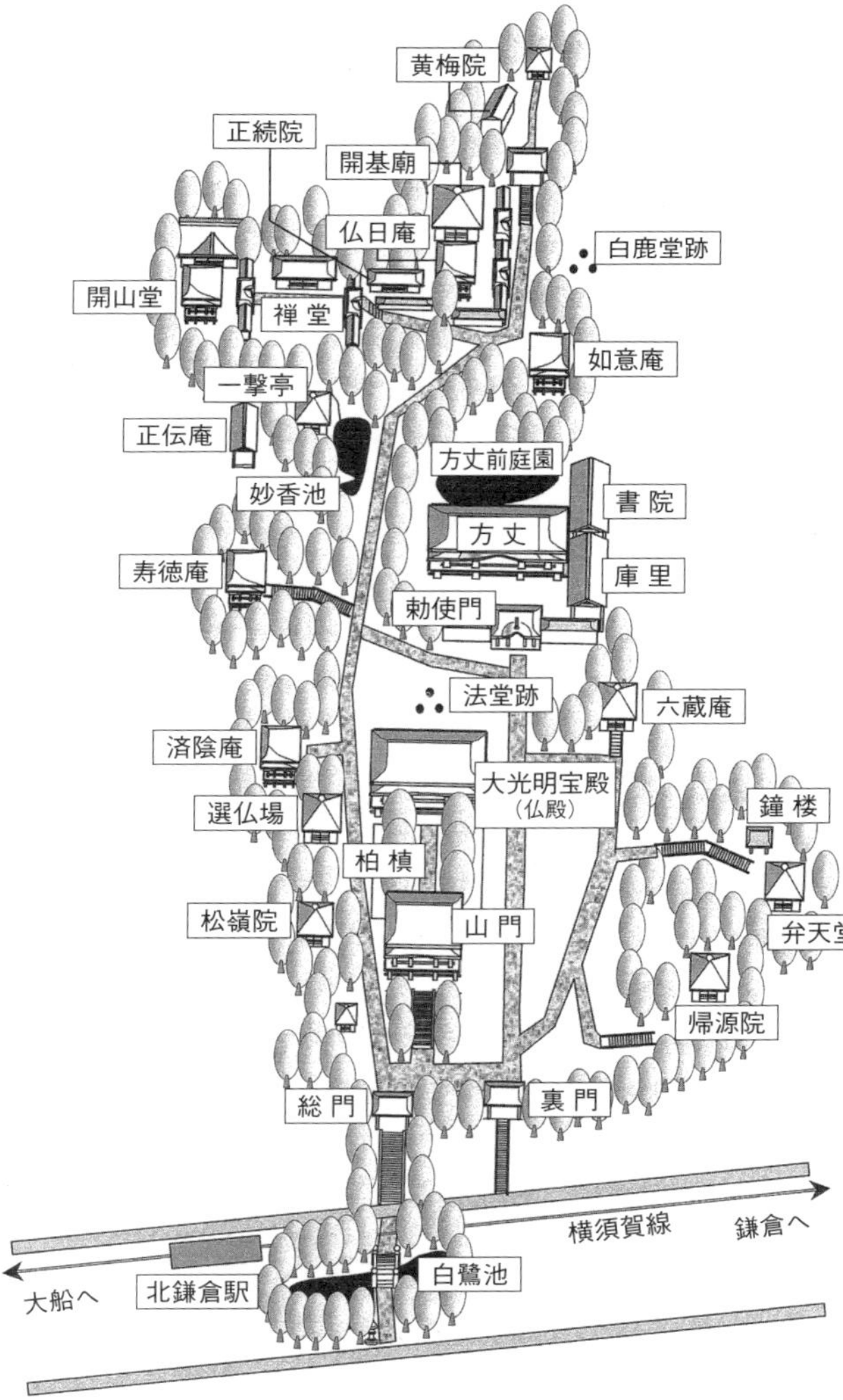
黄梅院
正続院
開基廟
仏日庵
白鹿堂跡
開山堂
禅堂
如意庵
一撃亭
正伝庵
方丈前庭園
妙香池
書院
方丈
寿徳庵
庫里
勅使門
法堂跡
六蔵庵
済陰庵
大光明宝殿
(仏殿)
鐘楼
選仏場
柏槙
松嶺院
山門
弁天堂
帰源院
総門
裏門
横須賀線
鎌倉へ
大船へ
北鎌倉駅
白鷺池

◉円覚寺 配置図

円覚寺は、一二八二年、将軍の任務を助ける執権《しっけん》・北条時宗《ほうじょうときむね》が宗から招いた無学祖元《むがくそげん》（仏光禅師）を開山として創建した禅寺である。正式には「瑞鹿山円覚興聖禅寺《ずいろくさんえんがくこうしょうぜんじ》」といい、建長寺に次いで鎌倉五山の第二位である。

度重なる火災と地震によって、七堂伽藍や四十二に及んだ子院はことごとく消失した。江戸時代以降、小田原城主や江戸幕府により復興、しかし、関東大震災によって三門、選仏場など九つの建物を除いて、すべて倒壊してしまった。

その後の修復によって、現在は約六万坪の拡大な境内に、総門、三門、仏殿、方丈が一直線に並ぶ禅宗伽藍をとどめ、十五の子院が建つ。境内はすべて国の史跡に指定されている。国宝の舎利殿《しゃりでん》は、室町初期の建築で、もと建長寺の前身・大平寺の客殿であった建物を仏殿として、円覚寺に移建したものである。現存する最古の唐様建築である。

もう一つの国宝が大鐘で、一三〇一年に円覚寺で造られたもの。関東で最も巨大な鐘という。

建長寺の章で触れたが、禅宗伽藍には「前栽列樹」といって柏槇の並木道を造る庭園形式があった。円覚寺もその例にもれず、一三三四年から一三四一年頃に描かれた「円覚寺

◉円覚寺　三門

◉円覚寺　柏槇の大木

境内図」や一七九一年の「円覚寺境内絵図」（共に円覚寺蔵）には描かれていないが、柏槇が同様に植えられていたとみられる。

その名残が、現在仏殿の前、向かって左に立つ柏槇の古木である。樹高二百九十七センチ、幹回り三百四十二・五センチの巨木である。年輪から、おそらく創建当時の柏槇とみられ、この木と相対して右に立つ柏槇の若木は、その末裔であるとみられる。

この他、方丈玄関前と、門外県道沿いにそれぞれ一株ずつあり、合計三株の柏槇の老木がある。すべて天然記念物に指定されている。

白鷺池

円覚寺の白鷺池《びゃくろち》には、寺創建の際のある伝承がある。一二七八年、北条時宗が寺院を建てる適地を探し歩いていたところ、鶴岡八幡宮の八幡神が、白鷺《しらさぎ》の姿で時宗の前に現れ、現在の白鷺池へと案内したという。そこで池辺を掘ってみたら、円覚経を納めた石櫃《せきしつ》が出土した。こうして白鷺池の名称と円覚寺の寺号が決まり、円覚寺の敷地も決定したというのである。

◉円覚寺　白鷺池

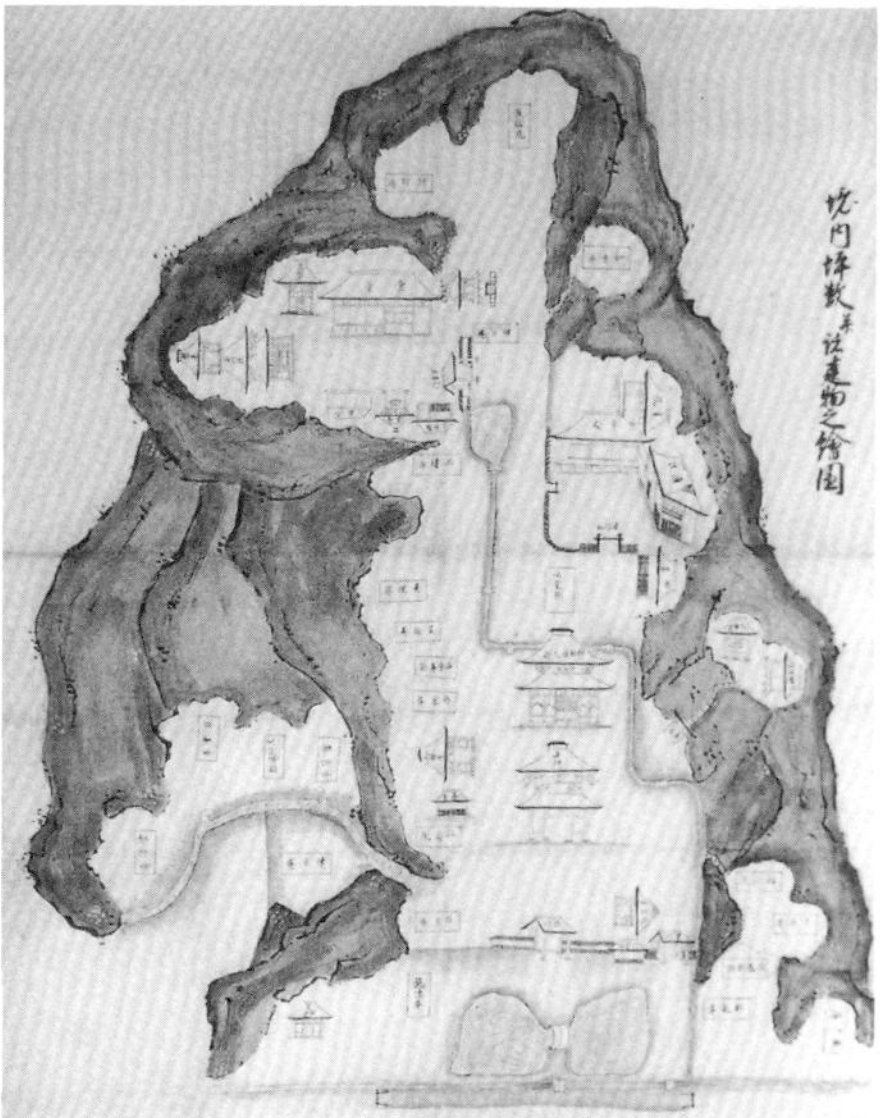

◉「円覚寺境内絵図」（円覚寺蔵）

現在、白鷺池は、横須賀線の線路によって円覚寺総門とは分断されているが、むろん円覚寺の一部である。禅宗伽藍の特徴の一つとして、放生池を門前に設ける形式をもつ。『扶桑五山記《ふようござんき》』などを記して自然の風情を尊ぶ禅宗寺院では、左右対称、一直線の伽藍配置を重んじつつも、その中に「前栽列樹」や「放生池」といった庭園を設けたのである。

総門の外に池があるため、横須賀線の通過前は門の内側にあったと考えられがちだが、創建の頃に描かれた「円覚寺境内絵図」（前掲）を見ると、当初から総門の外にあったことが確認できる。しかも池は完全な二つの正方形であったことがわかる。横須賀線の線路敷設の際、半分近くに埋めたてられて、今日の形になったという。

また絵図を見ると、池庭の土堤を取り囲むように水路が描かれているが、これは「山ノ内川」と呼ばれ、今日も山内街道の東側を流れる。絵図には二つの橋が描かれているが、現在は一つだけである。

一方、白鷺池を二分する橋のきわに、鎌倉石製の高さ約一メートルほどの多層塔が立つが、絵図には描かれていない。これは、建長寺西外門の右側の多層塔と酷似しており、もとは一対であったとみられる。材質から、鎌倉初期のものと思われる。『扶桑五山記』によれば、円覚寺境内の優れた境致の第一に白鷺池を挙げている。ここに「前面蓮池」と記されており、もとはスイレンが群生する池であったといい、一九三五年頃まではハスが残っていたという。

この記録の十番目に挙げられているのが「偃松橋《えんしょう》」で、これは白鷺池に架けられていた橋のことを指すという。現在は「降魔橋《こうま》」と呼ばれているが、これは、江戸時代に近の陰陽師がこの池で魔よけの儀式を行ったことから名付けられたという。

白鷺池は一九六二年、復元改修工事が行われ、その際池辺に石組が施されてしまったが、もとはなかったものである。

庭園史家の重森《しげもり》三玲《みれい》・完途《かんと》氏は白鷺池について、次のように記している。

「建長寺と同じく主軸対称伽藍配置の整然とした美、山を負い森をめぐらした伽藍全体のたたずまいのみごとな調和は一個の整形的な庭園、仏殿前のシンパク、方池（洋池）は浄域への参入を象徴する水面であって、白鷺池と命名されている」（『日本庭園史大系』）

この池の美は、ほぼこの一文に言いつくされているといってよいだろう。

◉円覚寺　妙香池

妙香池

鎌倉を代表する作家のひとり大佛次郎の「帰郷」には次の描写がある。

「日陰から見ると、日なたの地面に薄く陽炎《かげろふ》が立つてゐた。幾つかある僧庵に通ずる道が、崖を削つて段を作つてあるのに、梅の花びらが昨日の雨で貼りつけたやうに残つてゐる。池があつて、岸邊の桜が映つてゐる中を、緋鯉《ひごひ》がゆつくりと泳いでゐるのを、ふたりとも立ち止つて眺めた。」

これは円覚寺の妙香池《みょうこうち》について記した

ものである。「円覚寺境内図」（前掲）にすでに描かれていることから、創建当初の頃にすでに存在したことがわかる。

舎利殿前方の台地の下にあり、「一撃亭《いちげきてい》」と呼ばれる建物から眺め下ろすことができる。放生池として造られたといい、放生会を行った場所である。

自然の鎌倉石の岩盤を方形にくりぬいて造った池で、百六十五平方メートルの広さだという。一九七八年一月から一カ月をかけて石垣を取り替え、池底をさらうという大改修が行われた。改修前は、まるで防火用水のようだったといわれ、現にポンプ小屋を備え、防火のために用いられたという。

一七九一年に描かれた「円覚寺境内絵図」（円覚寺蔵）を見ると、この妙香池から水路が延び、境内を蛇行して仏殿の背後を通過、白鷺池の脇を通って山ノ内川へと流れ込んでいたことがわかる。境内では所々でこの水路に橋を渡している。

こうした水路から見て、妙香池は大雨の際の調整池の機能を果たしていたのかもしれない。建長寺でも、回春院に調整池を設けており、境内を水害から守る機能をもっていたのである。

北壁に露出した岩盤は「虎頭岩《ことうがん》」と古くから呼ばれた名石で、まるで波浪に侵蝕されたような形をもち、岩桟を形成している。その姿といい、その名称といい、創建当時の中国風禅林の好みが濃厚である。

『扶桑五山記』でも、円覚寺の優れた境致の三番目にこの虎頭岩をあげ、また五番目に妙香池の名をかかげている。方形の庭は一見特異に思われるが、これも中国の影響である。

中世の中国では古来池を造る際、四角く加工した切石を方形に組み合わせるのが一般的であった。湖南省の賓館《ひんかん》は領主の邸宅の庭園であるが、庭の中央に石を方形に組んだ池である。

また、文豪・魯迅《ろじん》の住んだ紹興《しょうこう》の町は、水郷で知られるが、運河はすべて切石で直線的に造られている。北京の円明園、万寿山《ばんじゅさん》、西安の華清池《かせいち》、杭州の霊隠寺《れいいん》など、中世の著名な庭園のほとんどが方形の池をもつのである。

虎頭岩の形にしても、例えば中国屈指の庭園である留園の「冠雲峰《かんうんほう》」と呼ばれる岩に似ている。蘇州近郊の湖、太湖で取れる太湖石は、中世の中国庭園で最も珍重された石である。湖底で水に侵食されてできた壁や穴が無限の深みを感じさせるといわれ、珍重されたものである。

なお、妙香池の名称はどこからきたものだろうか。かつては中国の一部であった現在の妙香山との関係を指摘してみたい。平壌から約百五十キロの地にある標高一九〇九メートルの山で、朝鮮五大名山の一つとして知られている。

山には一〇四二年建立の普賢寺《ふげん》があり、朝鮮五大寺の一つである。国宝「八万大蔵経」を有し、古くから山岳修行の道場として栄えた。かつては中国禅の僧侶も修業に訪れたという。

ここに「龍門大窟《りゅうもんだいくつ》」という大鍾乳洞があり、周辺にも天柱石などの水に浸食された奇岩が数多くあることで有名である。

円覚寺の妙香池は、この妙香山の風景の縮図を意図したものではないだろうか。虎頭岩は、妙香山の奇岩に見立てられ、また池は、上元洞《じょうげんどう》と呼ばれる妙香山の渓谷に見立てられたともとれるのである。確証はないが一考を要すると思われる。

◉円覚寺　仏日庵本殿

黄梅院・仏日庵・方丈庭園

妙香池脇の参道をさらに上っていくと、子院の仏日庵《ぶつにちあん》、そして黄梅院《おうばいいん》がある。

仏日庵は、一二八四年に没した円覚寺開基・北条時宗の廟所であり、その後、貞時《さだとき》、高時《たかとき》などの廟所にもなった。

天文年間（一五三二～五五）以後、僧・鶴隠周音《かくいんしゅうおん》が中興して塔頭とした。本尊は聖観音菩薩で、その他地蔵菩薩および鶴隠周音、時宗、貞時、高時の木像が安置されている。境内の茶席は川端康成の小説『千羽鶴』の舞台にもなった趣きのあるものである。

仏日庵の方丈庭園は近年作庭されたも

のだが、なかなか配石が巧みな枯山水の庭で、背後の樹木と呼応し合って魅力的なものである。

黄梅院は、円覚寺の最も奥にある子院で、円覚寺十五世となった夢窓疎石が一三五一年に没すると、塔所として創建されたもの。一三五四年、弟子の方外宏遠《ほうがいこうえん》が、華厳塔のあった由緒ある現在の敷地を入手して建てたものである。

一三七四年の火災で全山焼失した際、黄梅院も灰燼に帰した。その後再建されたが、一四二一年に再び焼失した。現在、寺には疎石の木像が祀られている。

この黄梅院の創建の頃の姿を描いたといわれる図が「紙本着色華厳塔図」(黄梅院蔵)であり、重要文化財に指定されている。一三五二年の銘があり、弟子の浄宇が華厳塔のある黄梅院を疎石の塔所である京都の臨川寺三会院で描いたものである。

この図の描写を見ると、仏日庵と黄梅院の間に竹林の庭があることに気付く。また、黄梅院には、ウメとおぼしき樹木が描かれていることがわかる。

このウメが黄色い花を咲かせたことから、黄梅院と命名されたのではないだろうか。竹の庭といえば、後述する報国寺《ほうこくじ》が有名だが、元来、鎌倉には竹林が多い。この黄梅院の竹

◉円覚寺　黄梅院

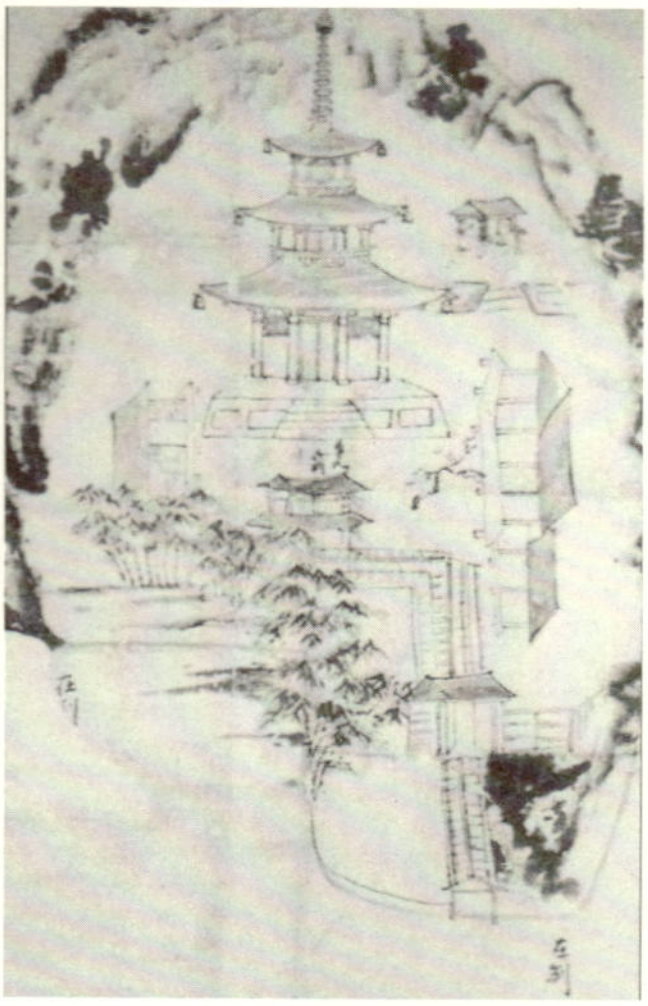

◉「紙本着色華厳塔図」（黄梅院蔵）

◉円覚寺　黄梅院庭園

◉円覚寺　方丈庭園

林は、疎石が瑞泉寺庭園の遠景に竹林を造ったことから見て、彼を忍んで植えられたものかもしれない。

今日の黄梅院の庭は、これといったものは何もない。しかし、地面を覆う苔や所々に転がる石塔、四季折々の花が廃園の趣きをかもし出しており、創建当時に思いをはせるのも一興である。

妙香池を少し過ぎた築地堀に、円覚寺方丈の入口がある。方丈の裏庭には池と枯山水を組み合わせた庭園が広がる。この庭も近年の作庭になるものだが、苔や池にかぶさる紅葉が美しく、石組や洲浜とよく調和している。

築地堀沿いには、江戸時代の百体の観音石仏が一列に並んでおり、庭を見た余韻を楽しむことができる。

第四章

瑞泉寺

夢窓疎石の庭

成り立ち

一三二七年、鎌倉幕府の有力御家人であった二階堂道蘊《どううん》が、夢窓疎石を招いて創建したのが瑞泉寺《ずいせんじ》である。正式には錦屏山《きんぺいざん》瑞泉寺という。寺のある紅葉が谷《やつ》がまるで寺の背後に錦屏風を置いたように色づくことから名付けられたという。

鎌倉宮から右手に、小さな谷川のせせらぎを聞きつつ進んでいくと、後述する源頼朝創建になる永福寺《ようふく》跡がある。ここに二階建の阿弥陀堂があったことが、このあたりを二階堂と呼ぶゆえんである。さらに進み、二階堂川に架かる通玄橋を渡り、右手に山、左手に小川の流れる山道を登っていくと、やがて瑞泉寺の総門が見えてくる。

当初は「瑞泉院」と称しており、後醍醐天皇や足利尊氏の子で初代鎌倉公方《くぼう》であった足利基氏《もとうじ》の援助で発展したという。

一三六七年、足利基氏が没すると、その遺命で遺体は瑞泉院に葬られ、この時瑞泉寺と改められた。基氏を中興開基とするのはこのためである。以後足利公方家の塔所《たっしょ》となり、氏満《うじみつ》、満兼《うじかね》、持氏《もちうじ》など歴代鎌倉公方の庇護を受け、寺は隆盛を極めた。

なお夢窓疎石は、一三五一年に京都臨川寺三会院で亡くなり、その後瑞泉寺は、夢窓派の僧侶が代々住持を勤め、円覚寺の黄梅院とともに、関東の夢窓派の中枢として栄えた。疎石の旧庵であった南方庵の他、保寿院、果証院、長春院、勝光院などの子院も設けられ、最盛期には十二院を数えたといわれる。

しかし、四代鎌倉公方・足利持氏が一四三九年、永享《えいきょう》の乱で敗れると、現在の瑞泉寺総門近くにあった永安寺で自刃、瑞泉寺も全焼してしまう。これにより鎌倉公方家は滅亡、パトロンを失った瑞泉寺も衰退の一途をたどる。

しかし、十年後、足利持氏の後継ぎ、成氏《なりうじ》が鎌倉公方に返り咲くと、寺も復興のきざしを見せたというが、江戸時代には黄梅院の住持が兼務するほどになってしまった。以後、黄梅院に所属する円覚寺末寺となっている。

一六八九年には、黄門様として知られる水戸光圀が瑞泉寺を復興、後に述べる偏界一覧《へんかいいちろん》亭などを再建した。光圀は寺に逗留して『大日本史』の編纂を行ったという。

現在、境内は国の史跡に指定されており、山門、本堂、開山堂、客殿、庫裏《くり》、地蔵堂、

◉瑞泉寺 総門

◉瑞泉寺 本堂

鐘楼《しょうろう》などが伽藍を形成する。本堂は一九三五年の建立で、中央に本尊の釈迦如来像、右に重要文化財の夢窓疎石像、左に千手観音像を安置する。また地蔵堂には、鎌倉後期作の地蔵菩薩が安置されている。この像はもと扇ケ谷の地蔵堂にあったという鎌倉末期の作で、通称「どこも苦《く》地蔵」と呼ばれる。一九一六年に寄進されたものという。

さらに開山堂には、江戸期の足利基氏、氏満の座像が安置されている。開山堂の東には足利基氏、氏満、満兼、持氏、同夫人の墓という五輪塔群がある。

さらに客殿は、一九六三年に金蔵院《こんぞう》にあった江戸初期の建物を移したものという。その右前方には、南方庵、保寿軒、吉祥斉が並ぶ。客殿以外はいずれも大正以降の建物である。

この他、境内には久保田万太郎、大宅壮一、高浜虚子、吉野秀雄の文学碑や記念碑が立ち、また立原正秋、久米正雄、梶山季之の墓がある。「松陰吉田先生留跡碑」というのもあり、第二十五世竹院和尚が吉田松陰の伯父にあたったことから、松陰が密航する直前に寺へ寄宿、旅費を借りたという。

引き算の庭園

そして、本堂の背後の岩山にあるのが、あの夢窓疎石が造ったという庭園である。一三二九年に禅僧・清拙正澄《きょせつせいちょう》が著した『一覧亭記』や、一六八五年に水戸光國が著した『新編鎌倉志』などによる記述から、この場所に疎石作庭の庭があったことは、かなり早い時期から知られており、一九五九年には神奈川県の史跡に指定されていた。

一九六九年より二年間、『新編鎌倉志』所載の瑞泉寺図に記されている寸法に合わせて発掘し、江戸時代の富士山の噴火による火山灰の積もった関東ローム層を取り除いたところ、橋跡や排水溝などが絵図とぴったりの位置から現れたという。

そこで一九七一年、国の名勝の指定を受けた。『一覧亭記』の記述「前浄智夢窓疎石禅師岩をうがち、地をやぶり、瑞泉蘭若を創めて、以って居す」から、作庭者が疎石であることは明らかである。

庭園は、錦屏山の中腹に凝灰岩の岩盤を削って造られている。つまり足し算の庭ではなく、引き算の庭なのである。

錦屏山の尾根とその南北にある二つの谷を巧みに利用して地割を行い、尾根をほぼ垂直

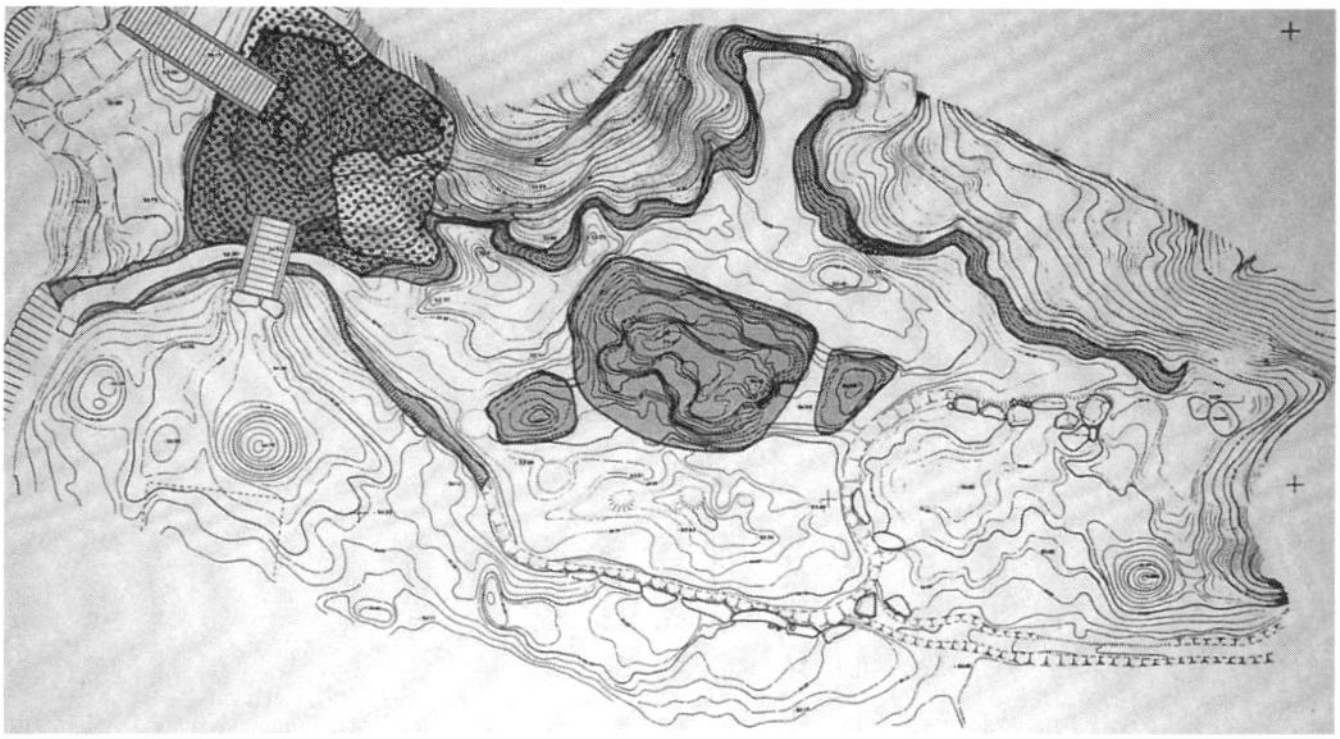

◉瑞泉寺 庭園平面図

◉瑞泉寺 庭園

に切断している。ここに二カ所の洞窟「葆光窟《ほこうくつ》」と「天女洞《てんにょどう》」を掘り、その直前に池を構え、中島を一つ配している。

また、南の谷の上部に小さな貯水池を掘り、雨水をためておいて、ふだんは栓をしておき、必要な時に栓をぬくと、水が落下して滝となる寸法である。滝壺には水分石を立て、水の表情に変化をつける工夫もみられる。

一方、北の谷には錦屏山々頂に設けられた偏界一覧亭の建つ転望庭園へ上るための十八曲の登山路を設けている。また登り口の近くに岸が高く切り立った池があり、西南隅より、排水路が西へ流れている。

さらに、二つの池の連結部と、池の中央の登山路に渡る位置の二カ所に橋を架けている。庭にはキキョウが生え、岩にはクマザサやシダが茂り、荒々しい岩肌に彩りを添えている。滝の水分石は、後に疎石が作庭した京都・天龍寺庭園の「龍門の瀑」の鯉魚石《りぎょせき》に似ており、原形であるといってよい。また、上下二段構成は、同じく後に疎石が作庭した京都・西芳寺庭園の原形と見ることができ、偏界一覧亭は、西芳寺の指東庵に比することできる。

さらに、中島を一つのみ池に設ける手法は、同じく後に疎石が作庭した山梨・恵林寺庭

◉天龍寺　庭園

園や天龍寺庭園の亀島に応用されたものとみてよいだろう。

この他、洞窟を庭園に設けるという趣向は、天龍寺の万松洞《ばんしょうどう》に応用されたとみることができる。このように、瑞泉寺庭園は、以後疎石が手掛けた名だたる庭園の原形といっても過言ではないのだ。

疎石は、瑞泉寺庭園を作庭する以前に、いくつか庭園を手掛けているが、それらの庭園の瑞泉寺の庭への影響の有無についても考えてみたい。

まず、瑞泉寺の洞窟の一つ天女洞は、別名水月観道場といい、疎石はここで座禅を組み、池面に映る月を眺めたというが、瑞泉寺より前に疎石が作庭した岐阜・永保寺庭園にも「水月場」があり、その発展とみられる。

なお、永保寺庭園には、池に面して垂直にそそり立つ寒竇梵音岩《かんとうぼんのんいわ》があるが、これが瑞泉寺の岩壁の原形とみられる。また上下二段構成も永保寺が原形とみられ、永保寺の梵音岩上には霊擁殿《れいようでん》が建つが、これが偏界一覧亭や、後の西芳寺庭園の指東庵に発展したと思われる。

さらに『碧山日録《へきざんにちろく》』によれば、永保寺庭園にはかつて寒竇梵音岩の断崖から滝が落ちていたといわれ、この意匠が瑞泉寺の滝へ発展したとみてよいだろう。

偏界一覧亭

下の庭園の登山路を登っていくと、途中に二つの石組があり、単なる通路になることなく、見所を巧みに設けている。これは、後の西芳寺庭園で下段から上段へ上る苑路の途中に二カ所石組を設けているが、その原形といってよい。

ちなみに、錦屏山々頂へ登る途中、山腹にもう一つの座禅窟である「葆光窟」があることはあまり知られていない。この洞窟は、疎石自ら撰した「十境」の一つに数えられている。

偏界一覧亭は、瑞泉寺創建の翌年、一三二八年に建てられたといわれ、一四三九年の火災で焼失、一四四二年には再建されたという。その後再び失われたが、一六八九年、水戸光圀が再建、それもいつしか朽ちてしまい、現在の建物は近年建てられたものである。

ここからは富士山を一望することができ、鎌倉一の眺望が得られる。疎石の意図は、おそらく山を垣根に見立て、海を池に見立てるといったものだったのだろう。

現在、偏界一覧亭への登山口は入場禁止となっているが、総門近くから左へ、急な細い道を上ると、偏界一覧亭のある展望台へ行くことができる。さらに右の藪の中の道を進むと、北条高時一門の首やぐらと呼ばれるものが十三ほど残されている。

注目すべきは、鎌倉の守護神・鶴岡八幡宮の真東に瑞泉寺及および錦屏山々頂が位置することで、いいかえれば鶴岡八幡宮から見て、春・秋分の日の出が錦屏山から昇ることである。

また、この鶴岡八幡宮がもと鎮座していた由比若宮から見ると、夏至の日の出が錦屏山々頂に昇ることがわかる。さらに、標高百四十七メートルの六国見山から見ると、冬至の日の出が錦屏山々頂に昇る。

『日本長暦』によれば、「我が国の神代、イザナギの尊、日の三天を測りたまい、春秋を考え歳時を定めたまう」とし、また『暦法親書』には「夏至・春分・冬至の太陽の運行を三天といい、暦の基となった」とあって、この錦屏山の事例も偶然ではなく、いわゆる「自然暦」として意図的に形成されたものであると思われる。

つまり、疎石が、瑞泉寺の地にこだわったのは、その背後の鏡屏山が鎌倉幕府の置かれたこの地の自然暦の要《かなめ》であることを知っていたからではないだろうか。それゆえに、自ら作庭した瑞泉寺庭園も錦屏山を借景とし、また登山路で庭園と山頂を結び、そこに偏界一覧亭を建てたのではないだろうか。

不思議なことに、疎石が亡くなったのは、一三五一年の九月三十日だが、現在も偏界一覧亭から見える夕日は富士山々頂に沈むのだという。偶然の符合にしては、出来過ぎといえよう。

近年の瑞泉寺裏山周辺の調査では、瑞泉寺を囲むように高さ二十メートルから四十メートルに達する大規模な切岸が存在することが明らかになったという。つまり、錦屏山を含めた、壮大なスケールの庭園が構想された形跡があるというのである。

今後、さらに調査が進められ、疎石の自然暦を含めた庭造りのコンセプトが明らかになることに期待したい。

渡り歩く石立像

夢窓疎石は一二七五年、伊勢（三重県）に生まれたが、四歳の時、家族とともに甲斐（山梨県）へ移り、九歳になると甲斐の平塩寺《へいえんじ》で出家、当時は真言宗の僧であったが、十九歳で禅宗に転じ、京都・建仁寺に入る。その後、京都、鎌倉、仙台、那須など各地を点々とし、数多くの庭園を残したが、その理由は、彼の名声から権力者や高僧が疎石を欲したからに他ならない。

一三一九年、鎌倉・勝栄寺《しょうえいじ》に疎石が入ったのは、執権・北条貞時の後室・覚海円成尼《かくかいえんしょうに》のたっての頼みがあったからであった。また一三二五年、京都・南禅寺の住持となったのは、後醍醐天皇の強請のためであった。

そして、執権・北条高時や鎌倉幕府二階堂貞藤も秘かに疎石の誘致をねらっていたようである。一三二六年、疎石は貞藤が建立した南芳庵《なんほうあん》に入るが、それも長くは続かなかった。翌年、彼は北条高時の懇願にほだされて、鎌倉・浄智寺に移ってしまったのである。

疎石に逃げられた二階堂貞藤は、一三二七年、南芳庵の近くへ、新たに瑞泉院を建立、疎石を取り戻すことに成功した。この瑞泉院こそが、後に瑞泉寺となったのはいうまでもない。

疎石は、瑞泉寺庭園作庭以前、前述の建長寺、円覚寺、永保寺の他、数多くの寺院を開山として創建している。一三〇三年には、白鳥郷に庵を構えたといわれる。なお、この白鳥郷の所在については岩手県胆沢《いさか》郡前沢町という説の他、福島県いわき市常磐白鳥とする説もあり、明らかではない。ただし、庵を構えたことからみて、庭園も造られたかもしれない。

翌年には、内草山に庵を結び、一年近くを過ごしたというが、この場所も福島県いわき市好間町、茨城県北部と説が分かれて一致しない。疎石は窓前に竹林があったことを記しており、瑞泉寺庭園に竹を植えた竹好きの疎石を忍んで、没後、黄梅院に竹林が造られたことから考えて、自生する竹を前栽として利用したことがうかがえよう。

さらに翌年の一三〇五年には、常陸（茨城県）臼庭《うすば》に再び庵を結んでいる。疎石はここで転倒した瞬間、悟りを開いたといわれる。この頃、疎石は庭の樹の下で座禅を組み、涼をとったというから、何らかの作庭が施されていたとみてよいだろう。

一三〇五年には、帰郷し甲斐に常牧山《じょうぼくざん》浄居寺《じょうこじ》を創建する。その所在については、やはり諸説があって一致しないが、二年間滞在していることから、庭を造ることは十分可能であった。

また一三一一年にも甲斐に龍山庵《りゅうざんあん》を結んでいる。疎石の和歌「正覚国師御詠《しょうかくこくしおんよみ》」の前書きによれば、龍山庵は人里から三十里ほど離れた水源のある幽谷にあり、庵の前庭の雪を見て和歌を詠んだと記されている。幽谷を前庭として利用したことがうかがえる。二年後その龍山庵は浄居寺へ移建している。

また、美濃（岐阜県）長瀬山の地形を賞して「山水天開図画《さんすいてんかいずが》 幽境《ゆうきょう》」と評し、草庵を建てて扁額し「古渓《こけい》」と称した。その景観を賞でただけに、借景の庭を造ったかもしれない。

その後、一三一四年、永保寺庭園を作庭することになる。

しかし、この地にも疎石は長くは留まることなく、二年後の一三一六年、清水に小庵を建てて移ったという。この清水の地についても加茂郡の各地が挙げられ、一致しない。同年疎石は、さらに永保寺の西北に大包庵《たいほうあん》を設けて移っている。

一三一八年には、土佐（高知県）へ吸江庵《きゅうこうあん》を結んだ。吸江寺として今に伝わり、忍ぶことができるのはありがたい。ただし、庭園の遺構は残っていないのが残念である。

翌一三一九年には、鎌倉へ移り、一時勝栄寺に仮住まいしたが、すぐに横須賀に泊船庵《はくせんあん》を建てて閑居したという。疎石はここに五年間滞在している。疎石自身の漢詩によれば、「茅葺の庵に住んでいるが、天が屋根、裏山が垣根、海が庭である」と記し、この体験がのちの瑞泉寺の偏界一覧亭の構想へ発展したともとれる。一三二一年には、裏山に三重塔を建て「海印浮図《かいいんふず》」という額を掲げたという。現在は在日米軍基地の中にその遺構があるといわれる。

一方、一三二二年に疎石は横須賀を離れ、上総《かずさ》（千葉県）に退耕庵《たいこうあん》を築き、二年半を過ごした。現在この地には農家が建ち、「御庵」と呼ばれている。その近くに太高寺があるが、ここに疎石が修行した「金毛窟《きんもうくつ》」という座禅窟がある。退耕庵にも、修行のための庭があったのかもしれない。

疎石の代表作

この退耕庵に一三二五年、後醍醐天皇から使いの者があり、以後京都・南禅寺の住持となる。同寺南禅院（亀山上皇離宮松本殿跡）の池庭や滝口石組は、疎石の作庭によるものといわれる。

しかし、翌一三二六年には鎌倉へ移り、南芳庵、浄智寺、瑞泉院を点々としたことは、すでに触れた通りである。その後は、一三三二年に甲斐に恵林寺を創建し、これまでの各地の作庭経験の集大成ともいうべき庭を造った。法堂前に池に亀島を浮かべ、男滝、女滝からなる二つの滝や、須弥山を石組で表現した池泉廻遊式庭園である。今日、疎石の代表作の一つとして高く評価されている。

一三三三年に鎌倉幕府が滅びると、京都・臨川寺《りんせんじ》を創建し、『臨川家訓』に「三会院東において仮山水を構え」とあるように、同寺本堂東側に小築山と小泉水を設けたことがわかる。慶安期の洛中洛外図や『都名所図会』にもその姿が描かれており、池庭と小岳跡が

◉臨川寺　庭園

竹薮の中にあったが、一九七〇年に破壊されたのは実に残念である。

一三三九年には、西芳寺および天龍寺の庭園を手掛け、どちらも作庭当初の姿をよく残している。まず西芳寺《さいほう》は、天平年間に僧・行基が開いた寺を一三三九年足利尊氏の命により疎石が再興したもの。行基の時代には下段に「西方寺《さいほう》」があり、上段に「穢土寺《えど》」があり、疎石は二寺を合併して作庭したという。下段は約百三十種の苔に覆われているので、通称「苔寺《こけでら》」として親しまれる。百三十種もの苔が自然に集まることはありえない。下段にあった西方寺は「西方浄土」、

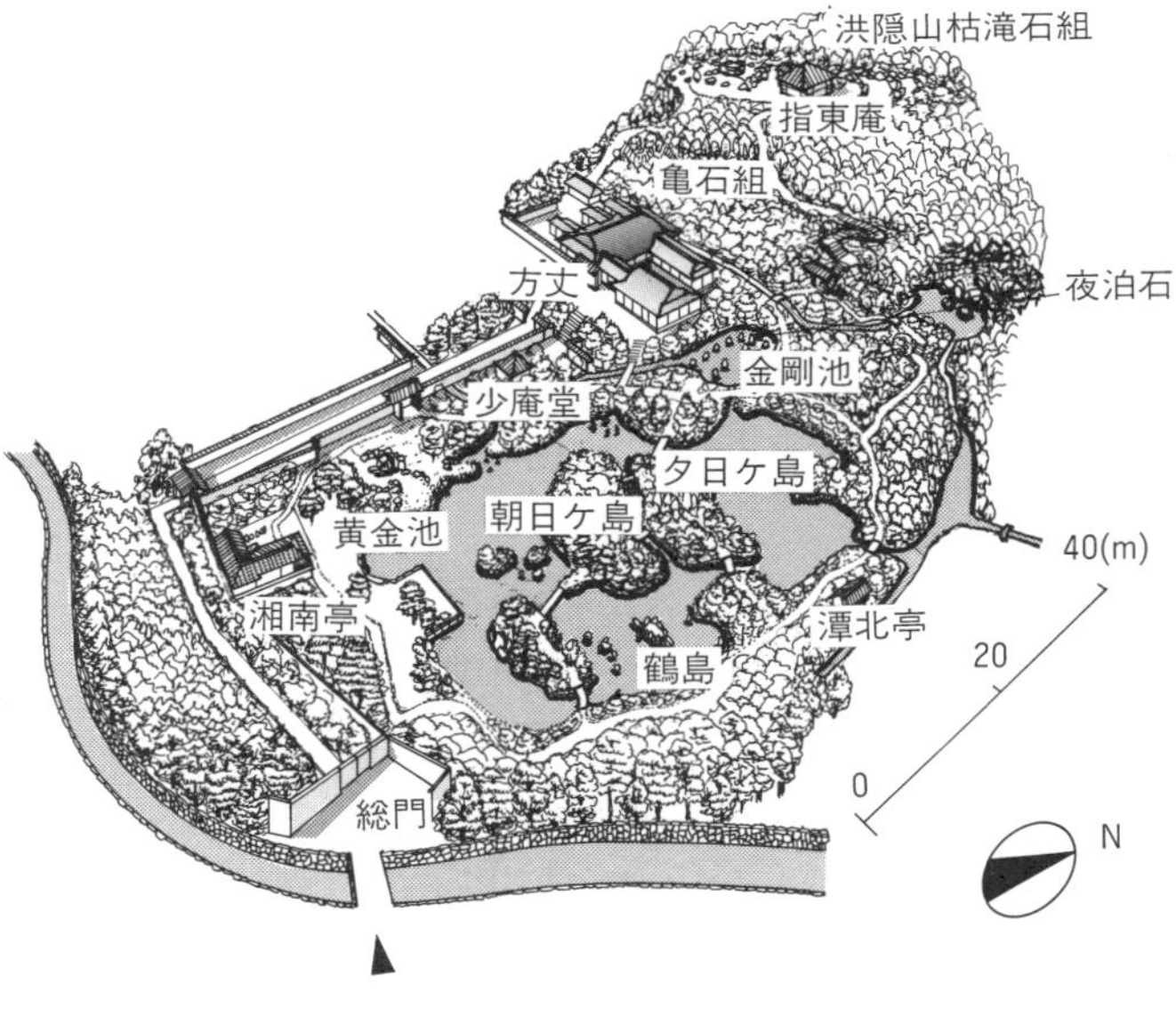
洪隠山枯滝石組
指東庵
亀石組
方丈
夜泊石
金剛池
少庵堂
夕日ケ島
朝日ケ島
黄金池
40(m)
湘南亭
潭北亭
20
鶴島
0
総門
N

◉西芳寺　庭園鳥瞰図

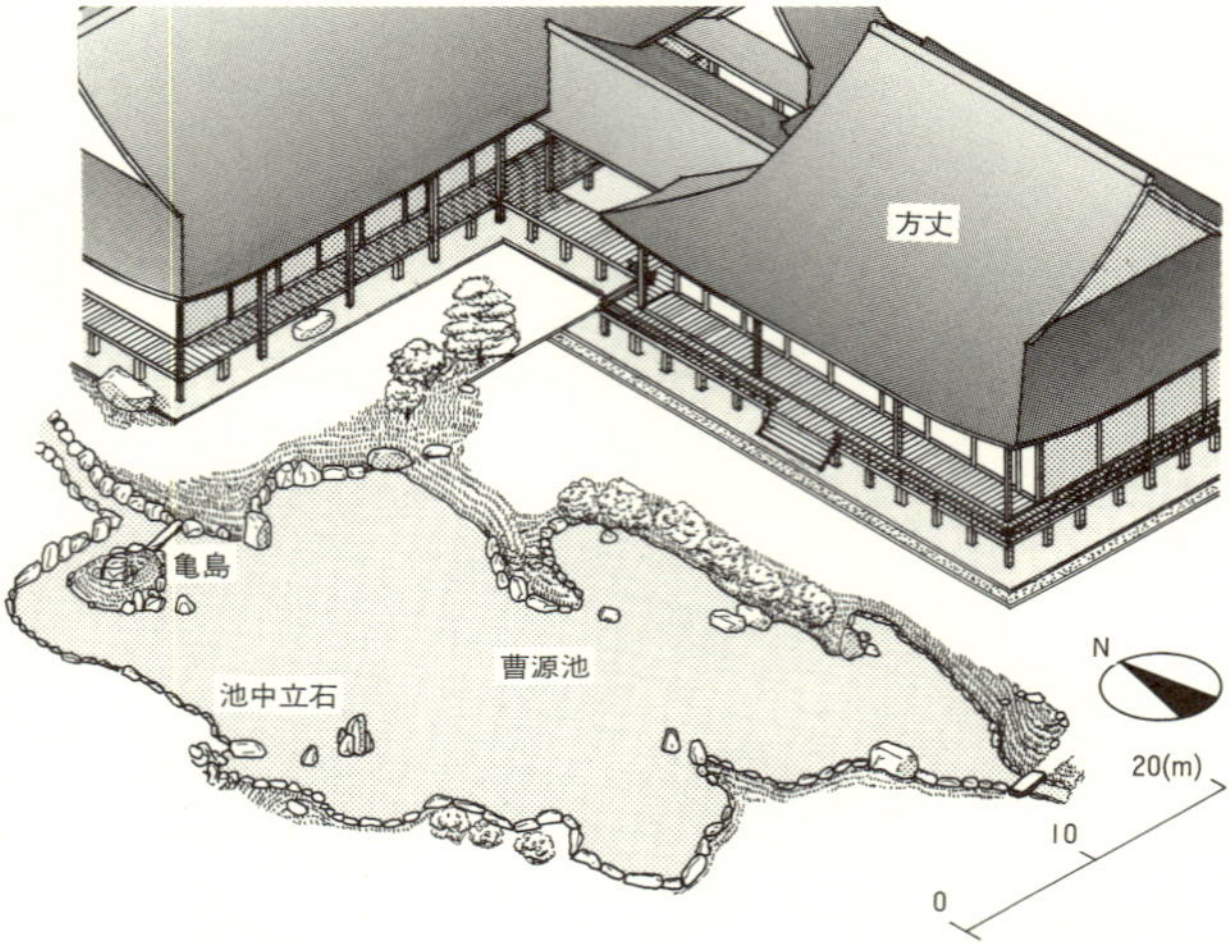

◉天龍寺　庭園鳥瞰図

清らかなあの世を意味する。つまり、瑠璃光に輝く浄土を再現するために苔を人為的に集めたものといってよいだろう。

一方、上段の穢土寺の穢土とは、汚れた不浄の地を意味し、かつては無縁仏の投げ込み寺であったという。浄土が天国なら穢土は地獄である。つまり疎石は浄土と穢土を上下二段構成として苑路で結び、訪れる人々に天国と地獄を行き来させ、他界観から仏へ導こうと意図したのである。

上段の荒涼とした石組は裏山の古墳の墓石を利用したものという。墓石を庭として鑑賞することは穢土を見ることにほかならないからである。

次に天龍寺は、西芳寺とともに世界文化遺産に登録される名庭である。将軍足利尊氏と対立する後醍醐天皇が崩御すると、疎石は尊氏に天皇鎮魂の寺を建てるよう直言、その結果、天皇が埋葬された亀山を背後に望む現在の地を入手し、疎石自ら作庭した。

曹源池を中心として、天皇鎮魂のために、亀山の景観を大胆に借景として取り入れた点が最大の見どころである。また、正面に「龍門の滝」と呼ばれる三段の滝組があり、二段目の鯉魚石は、鯉が滝を登る姿を表したものという。

これは、鯉が滝を登ると龍になるという中国山西省の龍門の滝を写したもので、日本における「登竜門」という言葉の発祥でもある。曹源池は背後の亀山に対応して亀の形をしており、亀山と呼ばれる中島が頭部にあたるという。

寺創建の際、後醍醐天皇の南朝のあった吉野から多数の桜が移植されたといわれ、今日も春には多くの桜が咲き乱れる。

これらの庭園の他、疎石作庭の庭園として、足利尊氏の住居であり「南等持《みなみとうじ》」と呼ばれた京都・等持院庭園がある。

◉等持院　庭園

一三四一年、足利尊氏が疎石を開山として、京都・衣笠山《きぬがさやま》の麓に建立したのが等持寺の別院で、尊氏の死後、その墓所となり尊氏の法号をもって、等持院と名を改めた。

寺格は、京都五山といわれる天龍寺、相国寺《しょうこくじ》、建仁寺《けんにんじ》、東福寺、万寿寺《まんじゅじ》に次ぐ十刹の筆等であり、足利将軍家歴代の菩提所となった由緒正しい寺院である。

『南等持寺指図』（等持院所蔵）にその庭園が描かれているが、『蔭凉軒日録《いんりょうけんにちろく》』に「此泉水は開山手ずから御立つるの石なり」とあり、疎石の作庭になることがわかる。応仁の乱で等持院はその伽藍の大半を失ったが、いまだ庭園は旧状を留めているとみられる。

庭園は、方丈北側に東西に分かれて展開している。西の庭は、芙容《ふよう》池を中心として苑路が巡る池泉回遊式であり、足利義政が好んだという茶室清漣《せいれん》亭が建つ。天龍寺が亀山を借景としたのと同様、衣笠山を借景としており、借景は疎石独特の手法といってよい。現在は大学の建物が邪魔をして、衣笠山が見えないのが残念である。

また、東の庭は、心字池を中心とした池泉回遊式で、池に浮かぶ中島にはかつて観音閣があったが、現在は礎石だけが残り、その面影を忍ぶしかない。

花の庭

瑞泉寺の境内には、鎌倉十井の一つ「玉龍井《ぎょくりゅうい》」と呼ばれる井戸があり、良質な清水が湧き出す。水の良いところは、当然植物の育成に適しており、瑞泉寺は通称「花の庭」と呼ばれる。

本堂前には、牧野富太郎博士が「黄梅」と命名したという幹囲五十八センチの珍しいウメがあり、鎌倉市の天然記念物に指定される。また、フユザクラの古木があり、十月に花をつける。これは水戸光國手植えのサクラといわれ、同じく天然記念物であり、「かまくらと三浦半島の古木五〇選」にも選ばれている。

これらの木の根元にはスイセンがあり、石組を施して小庭園を形成している。この他境内には、作家大佛次郎らが植えたという萩もある。

この他、ツバキ、マンサク、ヤマブキ、ボタン、ツツジ、アジサイ、キキョウ、サルスベリ、キンモクセイなど、四季を通じて常に花が境内を彩る。また、秋の紅葉は絶品である。

第五章

光明寺

枯山水と記主庭園

浄土宗の大本山

耳をすませば、潮騒が聞こえてくるような材木座海岸の海辺の寺、それが光明寺《こうみょうじ》である。潮風が吹き抜ける明るくさわやかな境内は、うっそうと樹木に囲まれた他の鎌倉の寺院とは一線を画する。この明るさは、単にその立地からくるだけでなく、この寺が禅宗や日蓮宗の寺院の多い鎌倉にあって、数少ない浄土宗の寺院であることも決して無関係ではないだろう。

正式には「天照山《てんしょうざん》蓮華院《れんげいん》光明寺」といい、関東十八檀林の第一位である。関東十八檀林とは、一五九七年、徳川家康が関東の十八の浄土宗学問所に位を与えたもので、芝・増上寺を首席、光明寺を第一、浅草寺伝通院を第二に定めたものである。

一二四〇年、鎌倉幕府四代執権、北条経時《もとときは》は、鎌倉で浄土宗を広めようとしていた記主《きしゅ》良忠《りょうちゅう》（記主禅師然阿《ねんな》良忠上人）を開山として蓮華寺を建立した。この寺を一二四三年、現在の地へ移し名を改めたのが光明寺である。

浄土宗の宗祖は、いうまでもなく法然である。二祖は久留米の善導寺《ぜんどうじ》を開いた法然の弟子の聖光《せいこう》という。そしてこの聖光の弟子で、三祖となったのが良忠であった。一二八七年に亡くなると、伏見天皇より「記主禅師」の号を賜ったといわれる。

浄土宗は、ひとことでいえばただ一心に「南無阿弥陀仏《なむあみだぶつ》」と唱えれば、往生極楽がかなうといった念仏を重んじる仏教である。その関東における念仏道場の中枢として建立されたのが光明寺だったのである。

北条経時以降も、歴代執権の帰依を受けて寺は栄え、一四九五年には後土御門《ごつちみかど》天皇から「関東総本山」の称号を受けた。この年から浄土宗の重要な儀式である「お十夜」が行われるようになったといわれ、その発祥の寺である。

現在、総門に「天照山」という大額が掲げられているが、これは一四三六年、後花園《ごはなぞの》天皇が記し、賜ったものという。

創建当初は七堂伽藍を誇ったというが、度重なる火災により、そのほとんどを失い、現在の伽藍は、すべて江戸時代以降の再建である。総門、山門、本堂が一直線に並び、左手には開山堂、方丈、書院が建つ。

◉光明寺　総門

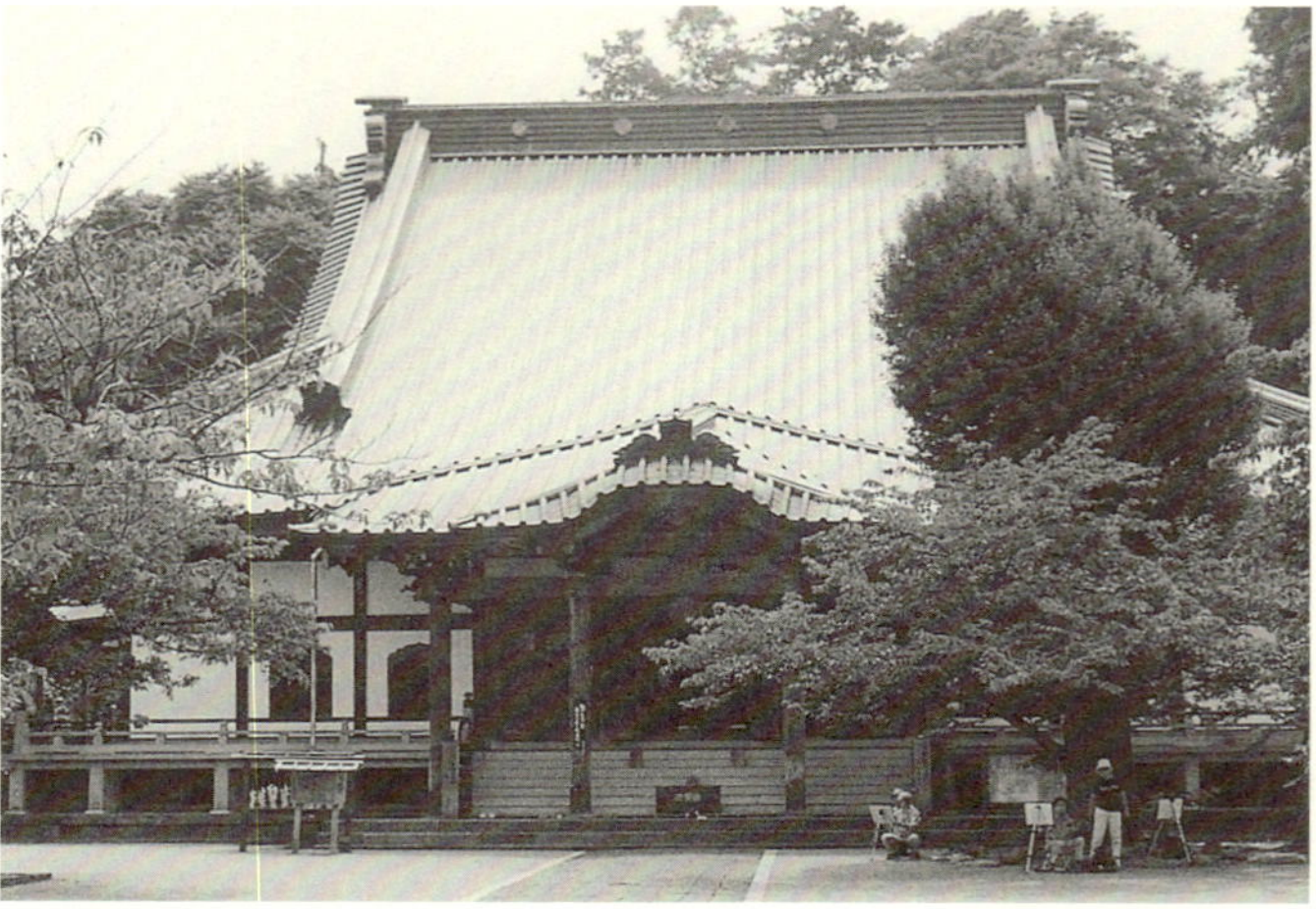

◉光明寺　本堂

まず総門は、一四九五年に建立されたものを寛永年間（一六二四年～一六二八年）に再建したものという。また山門は、一八四七年に再建されたもので、和様と唐様の折衷様で、鎌倉では最大の山門という。前述の後花園天皇の扁額が掛かり、楼上には、江戸時代後期の釈迦三尊、四天王、十六羅漢の各像が安置され、階段で上がることができる。

次に本堂は大殿と呼ばれ、一六九八年の建立という。十四間四面の大建築で、鎌倉最大の本堂である。国の重要文化財に指定されている。本尊は阿弥陀三尊像で、その左右に法然上人像、如意輪《にょいりん》観音像、和賀江島《わかえじま》弁財天像などが安置されている。

また開山堂は、一九二四年に前年の関東大震災で倒壊した建物の古材を使って再建されたものである。さらに鐘楼堂は一八四七年に建立されたものという。

三尊五祖来迎之庭

光明寺には、二つの庭園がある。一つが「三尊五祖来迎之庭《さんぞうごそらいごうのにわ》」で、もう一つが「記主庭園」であり、それぞれ本堂の南北に位置している。

まず三尊五祖来迎之庭は、一九七三年に作庭された枯山水庭園である。白壁に瓦屋根を

◉光明寺　山門

◉光明寺　阿弥陀三尊像

◉法然上人像・光明寺如意輪観音菩薩像

◉光明寺　三尊五祖来迎之庭

のせた築地塀で囲まれた一画に、八つの石が据えられている。

また石に混じり、ツツジの植栽を配し、なだらかに刈り込まれている。手前には白砂を敷き、砂紋がつけられている。背後には松などの高木が植えられ、背後の山の借景と枯山水の庭を巧みに関係づけている。

この庭は、浄土宗の五山を表現したものといわれ、浄土宗では極楽往生のために、称名や読誦などの五つの正しい行いを重視している。五山の中央に一番背の高い石を据えて阿弥陀如来に見立てたという。

この石が庭の中心で、その左右にそれぞれ脇侍の勢至《せいし》菩薩、観音菩薩に見立てた石が据えられ、阿弥陀三尊に見立てたいわゆる「三尊石」を形作っている。

そして、この三尊石を守るように五つの石が取り囲んでいる。これらは浄土宗の五祖の姿を表しているという。

浄土五祖とは、浄土宗を布教した、雲鸞《うんらん》、道綽《どうじゅく》、善導、懐感《かいかん》、小康《しょうこう》といった僧を指すが、光明寺には「浄土五祖絵伝」（重要文化財）と呼ばれる当麻曼陀羅が現存し、ここでの五祖とは、釈迦、善導、法然、鎮西、記主となっている。そこで、五つの石も、それらの上人に見立てられているのだという。

このように、三尊を五山の築山の中に置き、白砂の中に四石と隅の築山に一石を配した姿は、阿弥陀如来が現れる瞬間を描いた「阿弥陀来迎図」を再現したものである。「阿弥陀来迎図」では、如来や菩薩が紫雲に乗って現れるが、その紫雲を一番手前に配した丹波《たんば》石の延段で表現したという。

白砂の砂紋は、仏教の三界流転《るてん》、つまり三世にわたり因果《いんが》が迷い続ける様子を表し、また手前のサツキは、煩悩《ぼんのう》具足《ぐそく》の衆生を象徴したものだという。

作庭後、数十年を経た現在でも、いまだ真新しい印象だが、さらに風雨にさらされ、苔むし、樹木が老いると、鎌倉の名所の一つとなるに違いない。そして、その頃には庭の造形の意味も忘れ去られ、無心に眺めることができるようになるのだろう。

記主庭園

本堂の北側へ縁側を歩いて回ると、開山堂と書院に通じる渡り廊下がある。ここに記主庭園と呼ばれる池庭がある。その名は開山の記主禅寺にちなんで命名されたという。池は湧き水をもつといい、夏には水面を一面のハスが覆い隠してしまう。七、八月にハスが赤い花を咲かせると、拝観者で廊下はいっぱいになる。

ハスの一部には古代ハスが含まれる。一九五二年に大賀一郎博士が、千葉県の検見川遺跡で発見して発芽させせた、約二千年前の古代縄文ハスといわれ、珍しいものである。ハスは泥の中で育つのに清らかな花を開く。泥はこの世の現実、ハスは仏の悟りの清浄な世界を象徴し、古来仏の花とされてきた。極楽浄土には七宝池があり、ハスの花が咲くという。浄土宗の総本山にふさわしい庭といってよいだろう。

通常、浄土式庭園は、此岸、反橋、中島、平橋、彼岸、阿弥陀堂を一直線に並べて池を二分する洋池式庭園であるが、この庭は、ハスを浮かべて浄土の七宝池に見立てる蓮池式庭園となっている。

八月には、観蓮会が開かれ、ハスを眼前に抹茶を頂くことができるが、冬になって地面を覆いつくしたハスが枯れた姿も風情があり、また土橋や池周辺の石組や灯籠、背後の植栽があらわになる。この庭の本当の鑑賞時期は秋から春にかけてだろう。

背後の天照山を借景して遠景とし、中景にソテツを植え、池を近景として奥行きを出している。池周辺の石組は、海か川にあった風化で丸くなった自然石を用いている。灯籠がいくつか点在し、これらは鎌倉石で造られ、苔むしており、江戸時代まで十分さかのぼれるだろう。鶴島と亀島を池に浮かべているのがわかる。

一八五〇年に描かれた「光明寺境内図」（光明寺蔵）を見ると、現在の記主庭園の位置に「泉水」と記され、池が描かれているのがわかる。一七二〇年の「光明寺境内図」（光明寺蔵）では記述こそないものの、淡彩を施した跡があり、これはやはり水面を表現しようとしたものとみてよいのではないだろうか。

◉ 光明寺　記主庭園

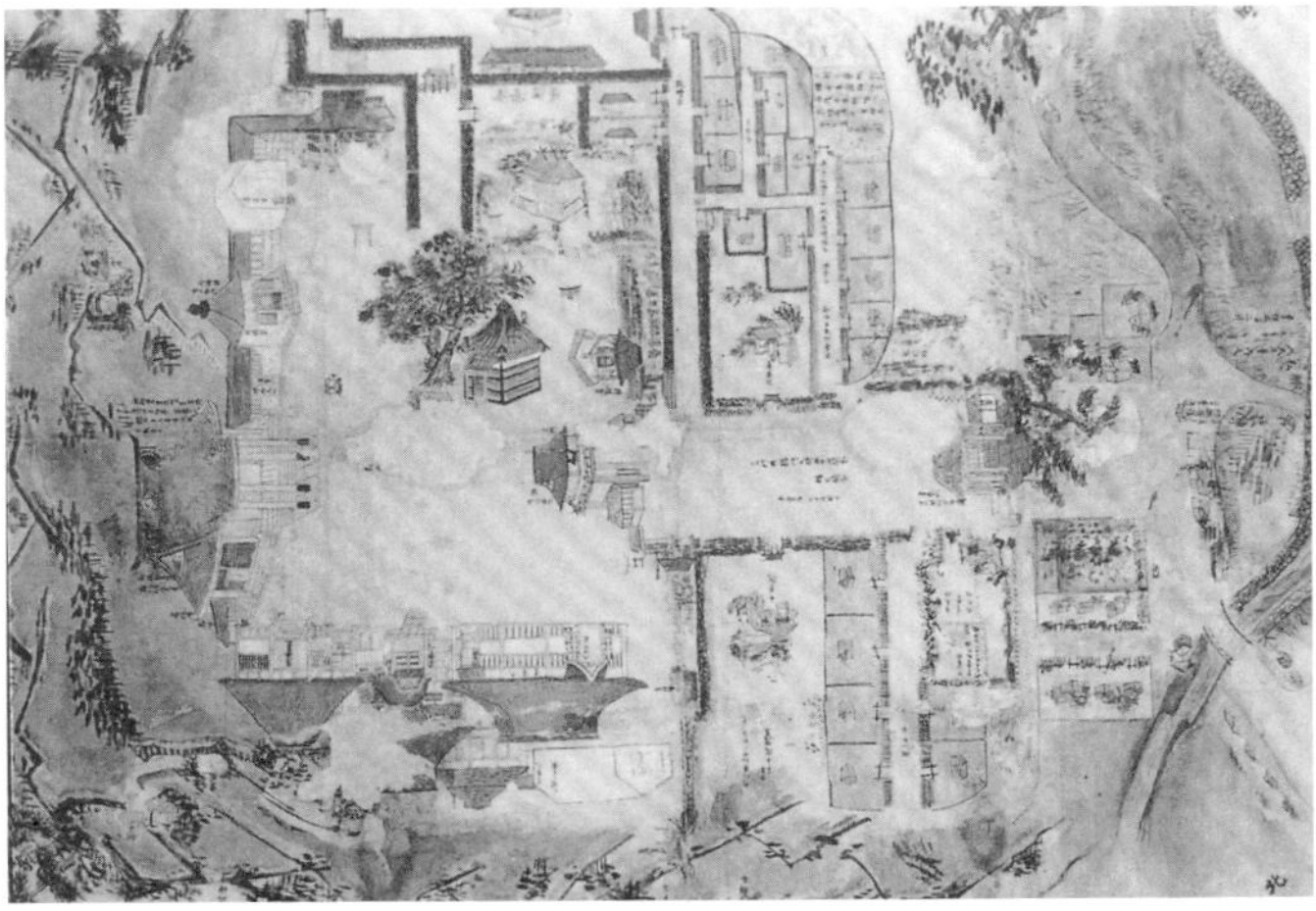

◉「光明寺境内図」（光明寺蔵）

これらの絵図からみて、記主庭園は江戸時代までは少なくともさかのぼれることが明らかとなる。

小堀遠州関与の可能性

記主庭園について、寺伝では小堀遠州の作という。しかし、遠州作といわれる庭園が全国に数多い中、遠州作が明らかな庭はほんのわずかである。果たして記主庭園への遠州関与の可能性はあるのだろうか。

冒頭でも触れたが、一五九七年、徳川家康は関東十八檀林の制を定め、光明寺をその首座としている。また、家康は一六〇二年、光明寺を浄土宗関東総本山に位置付けている。一六一九年には、徳川幕府の寄進によって宝蔵が造られており、また、家康が徳川家の祈願所である芝・増上寺に下した浄土宗諸法度を写して光明寺に与えたりしている。一六三九年には増上寺から、良忠自筆の御影の添状を修補して光明寺に護っているが、これも徳川家の勧めによるものである。

このように見てくると、一五九一年から一六三九年の間、徳川家が光明寺に急接近して

◉増上寺 山門

いることがうかがえる。確かに家康は法然を深く崇拝し、浄土宗寺院を保護した。京都知恩院を徳川家の菩提寺とし、江戸の増上寺を祈願所としたのである。

そして、初代家康、二代秀忠、三代家光といった三代に及ぶ将軍に仕えた茶道指南であり、幕府作事奉行こそが遠州にほかならない。この時期、遠州が江戸詰めであったことはいうまでもない。また、前に触れた通り、遠州のパトロンであった金地院崇伝は、江戸では増上寺の金地院に住した。ここに遠州が光明寺に関与する可能性が見えてくるのである。

ただし、幕府関係の記録にも、光明寺

◉遠州誕生の地

関係の史料にも遠州の光明寺への関与についてては一言も記されていないのである。

遠州の生い立ち

江戸初期に幕府作事奉行として数多くの傑作建築を手掛けた人物として知られるのが、小堀遠州である。

小堀遠州は一五七九年、豊臣秀吉の家臣・小堀新介の長男として近江・長浜に生まれた。幼名を作介《さすけ》、本名を政一《せいいち》といった。一六〇八年、遠州（現静岡県）を領する大名となったため、俗に遠州と呼ばれるようになった。

十歳の時、郡山城内での茶匠・千利休と秀吉の茶会で面前に茶を運んだと『甫公伝書《ほこうでんしょ》』に記されている。茶匠として後に大成する遠州だが、この頃すでに茶人への道を歩んでいたことがわかる。また十六歳の折、父新介に伴われ、奈良の大茶人松屋久政の茶会に列したとも記されており、『長闇堂記《ちょうあんどうき》』では、その作法の斬新さを「心のつけやう常の人にはあらざるしかた」と褒めたたえている。

その非凡な才能を伸ばすために、その後、千利休の高弟である七哲のひとり古田織部に弟子入りした。遠州が師匠の目を瞠らせるような新奇な試みをしたことが幾つか記録されており、織部一の弟子として将軍秀忠にもその実力が認められるようになり、一六〇六年幕府作事奉行に命じられている。

その後、数々の宮廷庭園の設計を手掛けた功により、師・織部が一六一五年に自刃した跡を継いで二代秀忠、三代家光の茶道指南となったものである。一六一六年には日光東照宮、一六二五年には、徳川幕府の京都での居城・二条城二の丸、また一六二九年には、江戸城本丸や西の丸の造営などを担当、日本を代表する建築家、そして茶人とし活躍したのである。

◉日光東照宮　陽明門

◉二条城　二の丸庭園

遠州好の記主庭園

遠州独特の意匠を総称して「遠州好《えんしゅうごのみ》」という。遠州好の視点から記主庭園を再度観察してみよう。

まず庭園に浮かぶ鶴島と亀島であるが、前に建長寺の章で触れた通り、江戸初期に遠州が流行《はや》らせた手法である。遠州が手掛けた品川・東海寺や南禅寺金地院の庭、江戸城下の御成御殿《おなりごてん》などに用いられたのは、いうまでもない。

次に記主庭園に見られる借景の手法である。この借景というのも、夢窓疎石以降、すたれてほとんど用いられなくなっていたのを、遠州が江戸初期に復活させたものである。江戸城の山里曲輪や大徳寺方丈、南禅寺方丈などの庭で繰り返し用いられた意匠である。

また、記主庭園を特徴づけるソテツというのも、遠州の名刺代わりであった。遠州の担当した久能山東照宮や二条城二の丸庭園などに用い、遠州好といわれる桂離宮にも植えられているのである。光明寺には、記主庭園の他、総門の両脇にもソテツの古木が植えられており、いわば「ソテツの庭」といってよいほど、ソテツがこの寺の特徴となっているようにみえる。

さらに、記主庭園の池の石組にみられる、丸い自然石である。遠州は四角い切石も好んだが、海から運んだ風化で丸くなった石も好んだ。例えば品川・東海寺の万年石などがこれにあたる。

そのほか、遠州好の特徴の一つに古物転用があり、例えば遠州の隠居所・狐篷庵忘筌の「露結《ろけつ》の手水鉢《ちょうずばち》」の台石は禅宗建築の礎盤であり、またこの露地の石灯籠の中台は、古い石造層塔の屋蓋を逆さにしたものである。記主庭園の石組をよく見ると、寺院の基礎石などを転用して巧みに組まれていることがわかる。

このように観察してみると、記主庭園は少なくとも遠州好で造られていることは明らかとなる。遠州は一六四七年に没しているので、その後の作庭であれば、少なくとも遠州好を用いて造られた庭といえるだろう。

しかし、前に詳しく考察した通り、江戸初期の徳川家の鎌倉の寺社の保護から、鶴岡八幡宮の参道である段葛の意匠や、建長寺方丈庭園などに遠州関与の可能性があることから、光明寺の記主庭園の遠州作という伝承も、いまだ否定できないと思われる。

◉桂離宮のソテツ

◉光明寺　記主庭園のソテツ

◉久能山　東照宮のソテツ

第六章

明月院

―あじさい寺―

海蔵寺

―湧水の庭―

①

明月院……あじさい寺

数奇な成り立ち

梅雨時、大勢の拝観者を集めるのが、明月院《めいげつえん》である。「アジサイの寺」としてつとに名高い。

JR北鎌倉駅から、円覚寺、東慶寺《とうけい》、浄智寺を通り過ぎ、横須賀線の踏切を渡り左に曲がると明月院通りがある。道の左を流れる名月川の快いせせらぎを聞きつつ進んでいくと、やがて明月院の山門が目前に現れる。

三方を山に囲まれた明月谷の中腹に、その可憐な寺が静かに眠っている。

明月院は、明治初年に廃寺となった禅興寺《ぜんこう》の子院で、かろうじで明月院だけが残った。禅興寺は、北条時頼《ときより》が蘭渓道隆を開山として、一二五六年に創建した最明寺《さいみょう》を前身とし、時頼の死後、後継ぎ時宗が寺を再興、改名したものという。

一三八〇年になると、関東管領・上杉憲方《のりかた》が禅興寺を中興した。一三八三年に憲方が僧・密室守厳《みっしつしゅごん》を開山として創建した塔頭が明月庵である。

将軍足利義満が、禅興寺を関東十刹の第一位に定めると、明月庵は明月院と改名され、支院の第一位におかれた。明月院の名は、一三九四年に没した憲方の法名「明月院天樹道合」にちなんだものという。

『五山記考異』によれば、禅興寺の伽藍について、仏殿（久昌殿《きゅうしょうでん》）、法堂（雲会堂《うんかいどう》）、僧堂（凡聖堂《ぼんせいどう》）、経蔵（輪蔵）、山門（禅興仰聖《おうせい》禅寺）、昭堂《しょうどう》（攀桂閣《もんけいかく》）などの堂宇が所狭しと建ち並んでいたという。また、宗猷庵《しょうゆうあん》や黄龍庵《おうりゅうあん》といった子院が明月院とともにあったことがわかる。

後述する「紙本淡彩明月院絵図」（重要文化財）には、それらの伽藍が描かれ、最盛期をしのぶことができる。しかし、室町末期になると、禅興寺は衰退の一途をたどり、後には逆に明月院に付属したかたちで存続したという。

現在の明月院の西北の場所、北条時頼の墓といわれる宝篋印塔の立つあたりが、禅興寺跡とされる。明治に入って廃寺となった禅興寺を取り込んだかたちで、今日明月院が残されたわけである。

◉明月院のアジサイ

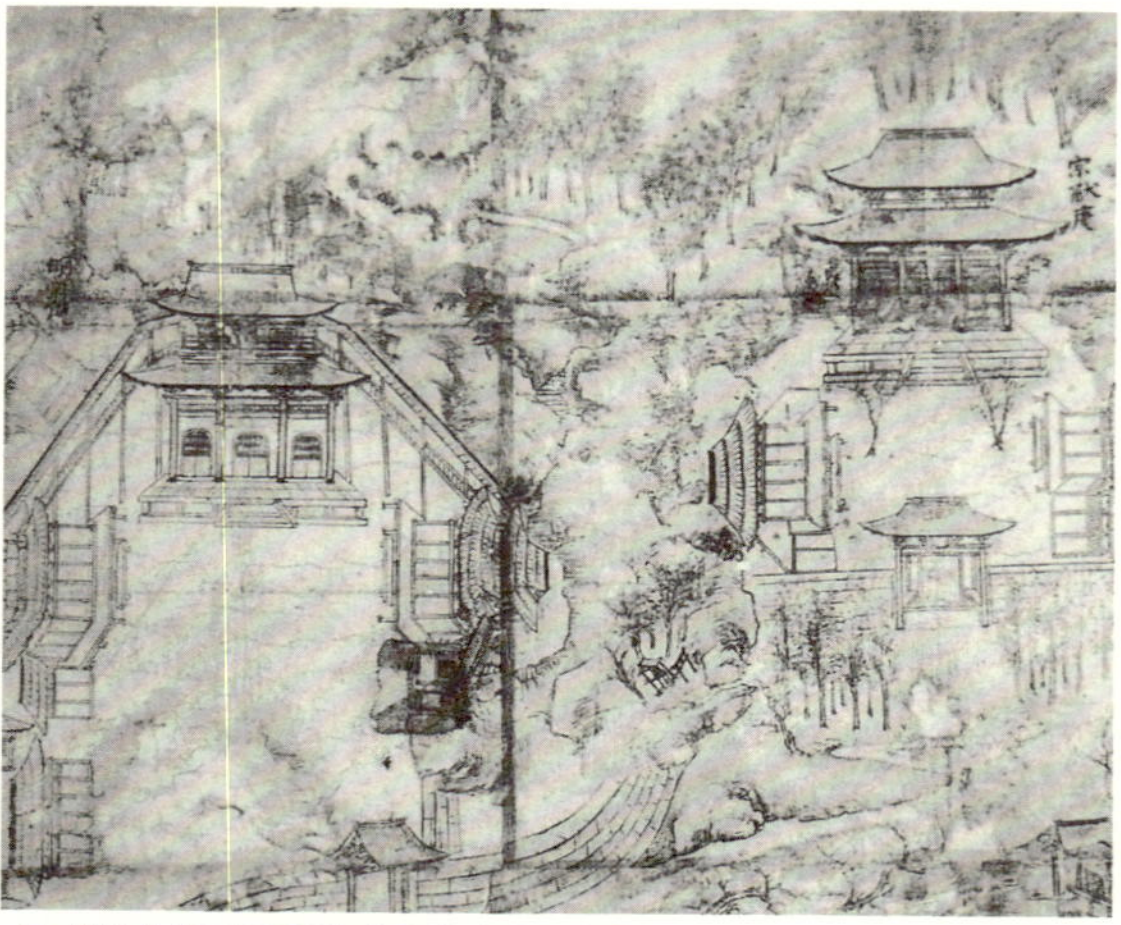

◉「紙本淡彩明月院絵図」（明月院蔵）

れたわけである。

今日境内はすべて国の史跡に指定されている。総門、中門、本堂、開山堂、収蔵庫などが建つが、古い建物は一つもない。本堂である仏殿は一九七三年の建立、あじさいにちなんで「紫陽殿《しようでん》」と呼ばれる。本尊は如意輪観音で「明月の観音様」として子授けの仏として親しまれている。

また仏殿の左には開山堂である宗猷堂《しゆういん》があり、開山蜜室守厳禅師の木像が安置されている。宗猷堂の右には「瓶ノ井《ふたのい》」と呼ばれる岩盤を垂直に掘り下げて作った井戸がある。内部が小瓶のように膨らんでいるためにこの名がある。鎌倉十井の一つに数えられる。

さらに開山堂の左の七岸には、明月院やぐらがある。このやぐらは別名羅漢堂《らかんどう》とも呼ばれ、高さ三メートル、幅七メートル、奥行六メートルもあり、鎌倉最大である。明月院の中興上杉憲方の墓所であり、中央に宝篋印塔が立ち、周囲の壁には、釈迦如来、阿弥陀如来、十六羅漢の浮き彫りが現存する。

明月院山門すぐ左手には、北条時頼廟がある。二間四方の小さな堂で、墓石は宝篋印塔や五輪塔を組み合わせたものといわれ、石積みの壇上に安置されている。その傍らには、

◉明月院　仏殿

◉明月院　やぐら

◉明月院　北条時頼墓所

時頼がうたった歌碑が立つ。

春流高如岸
細草碧於苔
小院無人到
風来門自開

春の流れは岸よりも高く水かさが増している。春の草は苔よりもあおく、生き生きとしているが、自分のいる小院には訪ねてくる人もなく、風で粗末な柴門《さいもん》が開閉しているばかりである。

創建の頃のこの寺を歌ったものだが、そのひなびた風情がよみがえるようである。

枯山水庭園と池泉庭園

前に少し触れた「紙本淡彩明月院絵図」(明月院蔵)は、明月庵の創建間もない頃の様相を、九枚の紙をついで山水画風に描いたものである。一三九五年頃の描写といわれ、周囲を朱線で囲んでいることから、境内を確定するための絵図であるとみられる。

の下に三重塔を描いているのがわかる。

一六八五年の『鎌倉志』所載の「禅興寺并《ならびに》明月院図」では、明月院について二つの堂と門のみが描かれており、寺の衰退がうかがえる。

注目すべきは、客殿前に風致に富んだ池が描かれていることだろう。池を観察すると、中島が二つあることがわかり、禅宗寺院独特のいわゆる心字池であったことが明らかとなる。

興味深いのは、一九三三年に赤星直忠博士が明月院を調査したところ、池がそのままの姿で残っていたということである。岸の石組や伊豆石の小さな礎石が三重塔の辺りをはじめ、各所に残存していたという。

現在の明月院の六百五十五平方メートルに及ぶ庭園は、一九九〇年に曽根三郎氏によって整備されたといい、この時、貴重な南北朝期の庭園遺構も失われたとみられる。

本堂前の庭園は、須弥山石組の枯山水庭園で、揖斐石などを使っているという。サツキの刈り込みを石組の周囲に配し、手前には石砂が敷かれ、砂紋がつけられている。

背後の山を借景としており、四季折々の彩りが、枯山水に変化を与えることに成功し

◉明月院　枯山水庭園

◉明月院　本堂背後の庭園

背後の山を借景としており、四季折々の彩りが、枯山水に変化を与えることに成功している。いまだ石が若々しい印象だが、長い年月とともに苔むして風情をかもし出すことだろう。

なお、本堂の裏後には池庭がある。手前に近景として池を掘り、その向こうに刈り込みを置いて中景とし、さらにその奥に芝生と花菖蒲が植えられ遠景をなしている。本堂には丸窓が開けられ、この窓を通して庭を眺めると、額縁で切り取られた絶景が得られる。これはいわゆるヴィスタの手法であり、あの小堀遠州も江戸城山里曲輪で試みた意匠である。

この裏庭は、強く明るい日差しよりも、むしろ早朝の朝の霧や、煙るような梅雨の小雨が似合うといわれる。秋の紅葉の頃も、また格別であるという。

花の寺

現在、明月院を彩るあじさいは、決して創建当初からのものではない。戦後植え込み、育て上げたもので、その歴史は浅い。しかし、もともと明月谷は湿度が高く、アジサイの成育に最適な環境であったことも手伝って、鎌倉随一のあじさいを誇ることとなった。その種類も藍、桃、白と多様であり、二千五百株が咲き誇る。最近では青色のヒメアジサイに限って栽培しているというが、濃淡があり、異なる表情が楽しめる。

毎年、このアジサイを目あてに一万五千人もの人が訪れるというが、梅雨には境内を人が占め、興ざめるほどである。かえって梅雨の季節をはずしてこの寺を訪れるのもまた一興だろう。

明月院には「明月院花ごよみ」と呼ばれるものがある。春にはロウバイ、スイセン、クリスマスローズ、ツバキ、ウメ、バイモ、レンギョウ、ヒュウガミズキ、ショカッサイ、マンサク、ボケ、モモ、白モクレン、紫モクレン、カイドウ、ヒイラギナンテン、ユキヤナギ、ヤマブキ、シダレザクラ、ヤマツツジ、オオデマリ、ヒラドツツジ、マウチソウ、クロバナロウバイ、ホウが彩りを添えるという。

また夏にはアジサイ、ナツツバキ、イワタバコ、サルスベリ、秋にはキンモクセイ、ハギ、ススキ、サザンカ、キブネギク、モミジ、冬にはカンツバキ、ロウバイ、ナンテン、クマザサ、スイセンが色づく。

②

海蔵寺……湧水の庭

海蔵寺への道

鎌倉は三方が山、一方は海である天然の要塞である。外部との交通は山を削って造った七つの切り通し、つまり七口に頼ってきた。海蔵寺への道はその一つ、亀ヶ谷切り通しである。

亀ヶ谷の峠は急で険しい。その名の由来は、亀が越えられず引き返したとか、亀の甲羅のような起伏であるとか、鶴岡八幡宮の鶴に対して亀と名付けたなどといわれ、一致しない。

源頼朝が初めて鎌倉入りしたのが、この亀ヶ谷の道であるといわれる。坂を下ったところに、頼朝の隠し湯という香風園があるのもそうしたいきさつであろう。

こうした亀が谷切り通しの登り坂を、谷戸の奥へと進んでいくと、やがて海蔵寺の山門が見えてくる。山門前の石段の右側、墓地へ通じる道端に、鎌倉十井の一つに数えられている「底脱ノ井《そこぬけのい》」がある。

金沢顕時《かねとき》の室で、後に出家した無著禅尼《むちゃくぜんに》が、この水をくんだ際、桶の底が脱けたのでその名があるという。海蔵寺は水にゆかりが深いのだが、そのアプローチからして水に縁をもっていることがわかる。

井戸前の、ハギが両側から覆いかぶさるように生える石段を上って、山門を潜り境内に入ると、まず目に映るのが切石と自然石を市松模様に組み合わせた石畳である。鎌倉石や伊豆石を彩りよく合わせて、幾何学的なパターンを構成しており、大変モダンな印象を受ける。

この石畳と平行して、右側にも一本の道が通じており、こちらは丸と正方形の飛石を交互に配している。飛石の表面を荒く仕上げているため、滑りにくく、かつ足触りが心地よい。

どちらの石畳も、大徳寺孤篷庵や桂離宮などの京都の江戸初期の庭園に似た意匠であり、同様の質を有するものといってよい。これらの石畳の周辺には、ウメやカエデ、ハギやサ

◉海蔵寺　山門

◉海蔵寺　底脱ノ井

ルスベリ、サザンカ、ツツジが植えられ、人工と自然が見事に一体化している。単なる寺の境内ではなく、茶室の露地に通じる庭を成しているのである。

子供の守り仏

海蔵寺の地には、もと真言宗の寺があった。一二五三年、藤原仲能《なかよし》が七堂伽藍を再建したが、新田義貞《にったよしさだ》に鎌倉幕府が滅ぼされた一三三三年、焼失してしまった。一三九四年、足利氏満《うじみつ》が命じて、上杉氏定《うじさだ》が再建したのが、現在の海蔵寺の起こりであり、開山は源翁《げんのう》禅師、薬師如来を本尊として発展した。当初は塔頭十院を数えたといわれたが、その後衰退し、一五七七年建長寺派に属して今日に至るという。

現在の山門は一四六八年に建立されたもので、一六八一年の銘をもつ「扇谷山《せんこくさん》」の額を掲げている。参道の石畳を進むと、正面に本堂、左側に仏殿がある。

本堂は龍護殿《りゅうごでん》と呼ばれ、関東大震災で崩壊後、一九二五年に再建されたもので、「海蔵寺」の肩額が掲げられ、狩野探信《たんしん》や藤原義信《よしのぶ》の絵があるが、さして古いものではない。しかし、仏殿である薬師堂は、一七七六年浄智寺から移建した江戸中期の建築である。

薬師堂内部には、薬師三尊像と十二神像、伽藍神像が安置されている。本尊薬師如来像は、金色の後背と顔を持ち、身体全体には朱が施される珍しい仏である。別名啼《なき》薬師、児護《こもり》薬師と呼ばれ、子供の守り仏として親まれる。胎内仏を胴に納めており、胸にもう一つの顔を持つ。左右に脇待の勢至、観音両菩薩が並ぶ。

本堂左前の庫裡は、一七八五年建立の江戸中期の建築で、茅葺き屋根をもつ。この他、書院や鐘楼が建つが、昭和に入ってからの建立である。

この他、岩船地蔵堂には、源頼朝の娘・大姫《おおひめ》の守り仏岩船地蔵尊を安置する。これは日本三大岩船地蔵の一つと呼ばれ、地元の人々のあつい信仰を集めている。鎌倉二十四ケ地蔵霊場第十五番札所でもある。

海蔵寺はこの他、鎌倉三十三観音第二十六番、鎌倉十三仏、相模国二十一カ所弘法大師第五番の霊場であり、巡礼者は後を絶たない。

境内図と庭園

一七九一年の「紙本淡彩海蔵寺境内絵図」（海蔵寺蔵）を見ると、主な建物の配置は、

◉海蔵寺　薬師三尊像

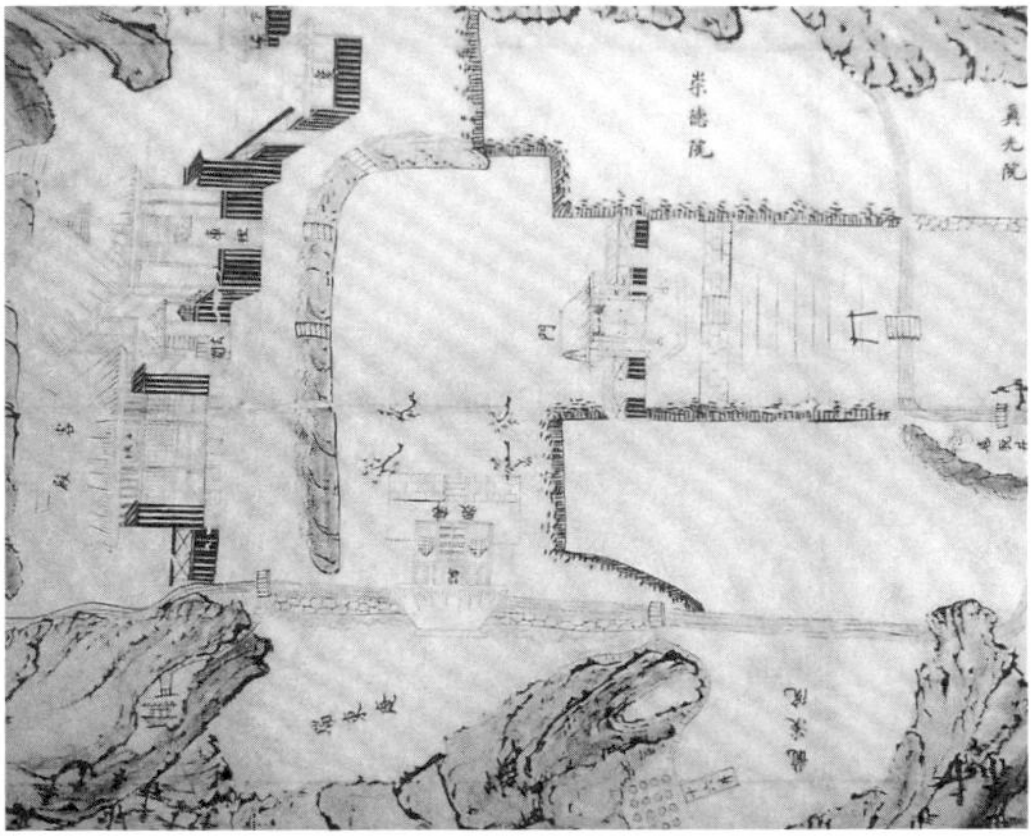

◉「紙本淡彩海蔵寺絵図」（海蔵寺蔵）

現在とほとんど変化がないことがわかる。一六八五年の『鎌倉志』所載の海蔵寺の描写では、仏殿がなく宮殿に「仏殿」と記される。

また境内図には鐘楼はなく、その跡も記されていないが、『鎌倉志』には一四一五年の銘をもつ梵鐘《ぼんしょう》があり、建長寺西来庵にあるとする。『相模風土記』には「今貞享五年新鋳の鐘を掛く」と述べられ、鐘楼は早いうちに失われていたとみられる。

『鎌倉志』によれば、仏超庵、寂外、照用、崇徳、翠藤、福田、龍隠、孤峰、龍雲、龍渓、棲雲、崇寿、真光各庵院などの子院があったという。境内図では、新たに瑞東庵が存在したことを記し、寂外、棲雲、崇徳、龍渓、崇徳真光の各庵院の跡地を描いている。

山門前の緩い石段の道も描かれているが、底脱井の位置が道の左側に描かれている。現在は右側にあることからみて、この参道は、一七九一年以後、左側へ付け替えられたものとみられる。

仏殿の背後には南北に流れる川を描いているが、旧敷地内で現在の住宅街に見られる小川に相当するのであろう。底脱井の右から参道を横切る小川も描かれているが、現在この小川は確認できない。

客殿と庫裡の背後には、切岸があり、その上に寂外庵、棲雲庵の跡地が描かれている。この切岸と客殿・庫裡の間は白紙であるが、空白として残されているということは、ここに庭園が施されていたとみてよいだろう。というのは、客殿の右側の山の斜面を小川が流れており、これが現在の仏殿裏の清流の流れる庭園の位置と一致するからである。

もともとこの境内図は、幕府の指示で建長寺の末寺が本寺へ提出したもので、境内の敷地境界と堂宇を確認するものであった。よって、寿福寺、常楽寺、報国寺などの建長寺末寺の境内図も、庭園や石造物など細部はすべて省略して描かれている。

よって、海蔵寺の境内図の客殿裏に、池庭の描写が描かれなかったとしても不自然ではなく、山の斜面や川、切岸などの地形からみて、現在の庭園の原形がここにあったと考えてよいだろう。

現在の庭園は、近年整えられたものというが、江戸時代頃の石組も一部残るという。寂外庵跡の境内西の山からの流れを生かし、見事な滝石組が施されている。せせらぎの奏でる涼しげな水音はこの庭の重要な要素の一つといってよい。

◉海蔵寺　庭園

斜面を利用した庭園には石造五重塔と雪見灯籠が立てられ、よいアクセントとなっている。斜面下には、心字池があり、石橋が架かる。池中には二つの石を浮かべ「心」の字の二つの点に見立てられているという。

池に面して書院が建てられ、枯山水と書院造系庭園の両方の特徴をもつことがわかる。池面に浮かぶスイレンの量がちょうどよく、まるで印象派を代表する画家、モネのスイレンの絵を見るようである。

サツキやシモツケ、ウメ、サクラ、カイドウ、ツツジ、キキョウ、アジサイ、

◉海蔵寺　十六井

ノウゼンカズラ、マツ、カエデなどが四季折々の彩りを庭に与え、その魅力をさらに引き立てている。

十六井

仏殿の裏手、山門を出て右のトンネルを潜ると、切岸に格子がはまった岩窟がある。これが「十六井」と呼ばれる井戸である。前述の境内図にも描かれており、江戸中期にはすでに著名であったものとみられる。

内部は四メートル四方、高さ二メートルほどであり、時折水滴が落ちると、冥界の音とでもいうべき恐しげな反響音を奏でる。そこへ直径約七十センチほどの丸い井戸が縦横四列ずつ、計十六カ所が整然と並ぶ。

井戸の深さは四・五メートルというが、水をくんでも自然に水がたまり、枯れることはないという。かつては正面中央の壁面に青銅造の観音像が安置してあったという。

一四四六年、現在の石造の観音に取り替えられたという。海蔵寺が鎌倉三十三観音第二十六番霊場に数えられるのは、この観音があるからである。

かつて正面左の壁面に一三〇六年の銘を記した阿弥陀三尊の刻まれた板碑があったが、現在は国宝館に寄託されている。このように岩窟に仏を安置するのは、鎌倉特有のやぐらの特徴である。そこでこの十六井ももとはやぐらで、現在井戸といっているのは、骨壺ではないかという説もあるが定かではない。

また、密教では香水をつくって道場を浄めるが、その際、早朝の井戸水を用いたという。海蔵寺はもと真言宗の密教寺院だったので、香水のための水を得る聖なる井戸ではないかという説もある。

さらに十六の数は、十六菩薩に供え捧げる閼伽、つまり功徳水の数であるとされる。

十六菩薩とは、金剛、玉、愛、喜、宝、光、憧、笑、法、利、目、語、業、護、牙、挙の各菩薩という。

どちらにしても、水に関係することは明らかであろう。この寺に以前あった塔頭の名をみても、龍雲、龍渓、龍隠といった中国では水の神にたとえられる龍を用いた寺名が多い。また寂外庵跡の山から流れ出した小川や、前述の底脱ノ井戸など湧水にまつわるものが境内には数多い。『相模風土記稿』によると「弁天社方丈の西方岩窟にあり、雨宝殿と号す」とある。

現に境内図にも客殿左に神社と鳥居が描かれており、水の神弁財天を祀り、雨ごいなどを行ったことがわかる。このような海に流れ出る川の源泉、すなわち「水蔵」という意味から「海蔵寺」と命名されたのではないだろうか。

湧水を利用したこの寺の庭園にこそ、この寺の本質があるといっても過言ではないといえよう。

第七章

横浜の庭園

称名寺、三渓園

①

称名寺……金沢北条氏の菩提寺

金沢文庫と称名寺

金沢文庫で知られる称名寺《しょうみょう》は、北条実時《さねとき》が一二五八年、この地に別荘を造ったことに端を発する。別荘には持仏堂と書庫を設けたが、それらが称名寺と金沢文庫の起こりである。

称名寺には実時の墓が現存するが、彼は執権を補佐する鎌倉幕府の要職に就くかたわら、学問にも秀で、多数の書物を蒐集《しゅうしゅう》した。その後、顕時、篤時、貞顕と続いた金沢流北条氏は代々学問を好んだ。

また、審海《しんかい》、釼阿《けんあ》、湛叡《たんえい》、実真《じっしん》と受け継がれた称名寺住持たちの好学によって蔵書は増え続け、一般にも貸し出されるようになった。そしてついに「金沢文庫」の発足をみたのである。日本における図書館第一号である。

一三三三年の鎌倉幕府滅亡後は寺院・文庫共に衰えたが、一九三〇年に金沢文庫は県立博物館として復活した。また、埋もれていた庭園も一九七八年より発掘され、一九八七年には復元されて今に至っている。

復元は、出土した遺構に加え、金沢文庫に伝わる「称名寺絵図並結界記《しょうみょうじえずならびにけっかいき》」(重要文化財)によって行われた。この絵図は、もと称名寺内光明院に秘蔵されていたものという。

結界とは、建築や仏事に備えて、清浄な地域と不浄な地域を確定することである。結界図はそれを描いたもので、称名寺の結界図では、浄域を朱で囲んでいる。三代長老本如房《ほんにょぼう》湛叡がつくらせたといわれる。

絵図によれば、南北を貫く中心軸に、南大門、反橋、中島、平橋、金堂、講堂を一直線に並べ、池の東岸には方丈、雲堂、浴室、東司《とうす》を配していたことがわかる。また、西岸には三重塔、本堂、新宮を配したいわゆる七堂伽藍を備えた壮大な寺院であったことが確認できる。

よってこの庭園は、金沢文庫の絵図を重ねて観賞するのが望ましい。

◉称名寺　庭園

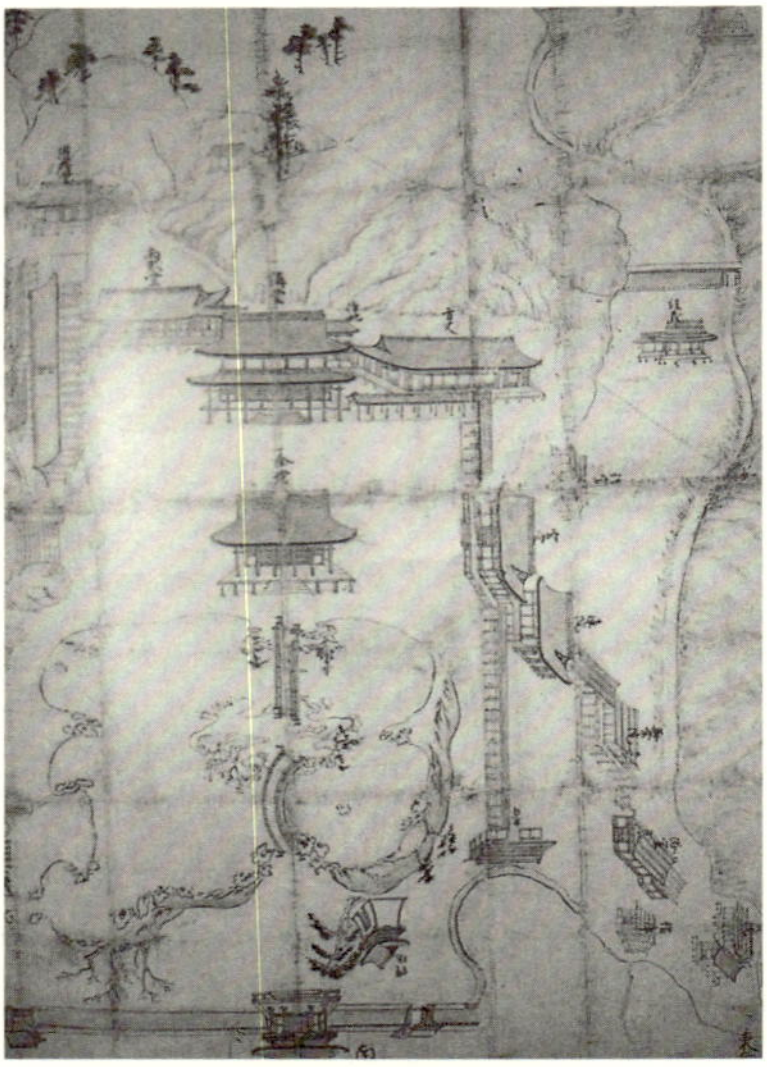

◉「称名寺絵図並結界記」（金沢文庫蔵）

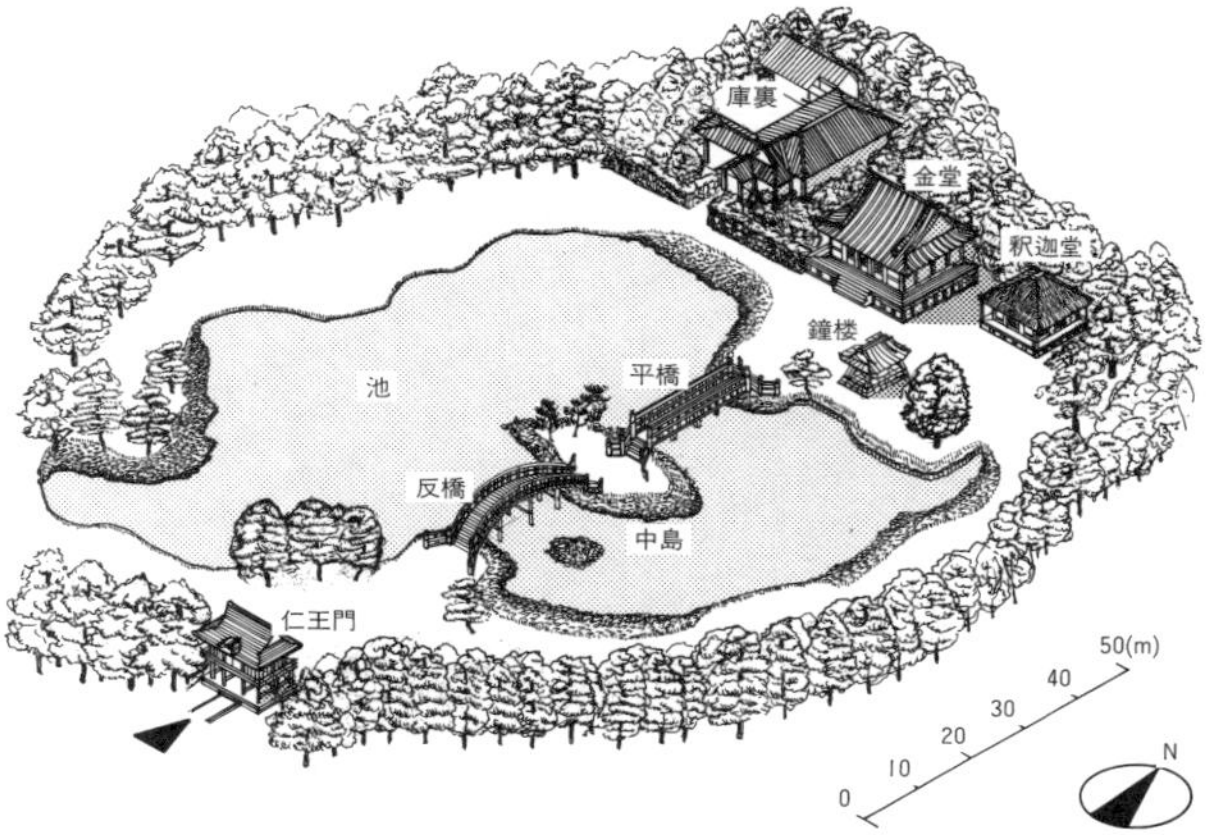

◉称名寺　庭園鳥瞰図

永福寺と並ぶ浄土式庭園

これら七堂伽藍を完成させ、浄土式庭園を拡張整備したのは、実時の孫・貞顕《さだあき》であった。貞顕は六波羅《ろくはら》探題《たんだい》職として京都に滞在することが長く、当時末法思想から数多く造られた都の浄土式庭園を見る機会が多かったに違いない。

称名寺の伽藍配置をみると、建長寺や円覚寺の七堂伽藍とは異なることに気づく。源頼朝が奥州《おうしゅう》藤原氏を滅ぼし、その際目撃した毛越《もうつ》寺や観自在《かんじざい》王院《おういん》にあこがれて造営した鎌倉の永福寺をモデルにしたともいわれるが、後述する永福寺とも配置がかなり異なっていることがわかる。

確かに鎌倉で、池を中心とした浄土式庭園といえば、永福寺と称名寺しか存在しないのであるが、やはり称名寺は、京都の法成寺《ほうじょう》、あるいは法勝寺《ほっしょう》などをモデルとしたとみてよいだろう。

金沢文庫所蔵の古文書によれば、庭園は一三二〇年から二一年を要して造られたといい、作庭には石立僧・性一《しょういち》法師が抜擢されたという。性一は青島石と呼ばれる奇石や、そのほか九十個もの庭石の配石を指図し、大量の白砂を用い、また水鳥を苑池に放し飼いにするなどの指示をしたという。貞顕も橋や中島の出来具合を案じて、しばしば自ら現地に立ったという。

その結果、「称名寺絵図並結界記」にみえるような壮大な庭園が完成されたのである。しかし一三三三年、鎌倉幕府滅亡とともに貞顕は自尽、称名寺も衰微の途をたどった。

一六三三年、称名寺を訪れた沢庵《たくあん》和尚は次のように記している。

「先《まず》に詣けるに本堂一宇有、諸堂皆あとばかりなり、五重の塔も一重残りぬ」

沢庵の見た五重塔というのは、三重塔の破損したものだったと思われる。江戸初期にはこのような遺構を残すのみになっていたことがわかる。

なお、江戸中期の『江戸名所図会』などを見ると、総門、仁王門、本堂、経蔵、愛染堂、阿弥陀院、鐘楼などの建物が描かれており、現在の状況に近く、この時期に復興されたことがわかる。金堂は一六八一年の再建、惣門は一七七一年、新宮は一七九〇年　仁王門は一八一八年の再建である。

発掘・復元された庭園は、むろん最盛期の面影こそないものの、当時の栄華を彷彿《ほうふつ》とさせてくれる。「赤門」と呼ばれる惣門を潜り、参道を真っすぐに進んでいくと、仁王門が正面に見えてくる。

茅葺き二層のこの山門自体は、前述の通り江戸後期の再建によるものだが、左右でにらみを利かせている金剛力士像は、一三二三年に大仏師、院興によって刻まれた鎌倉末期の木造立像である。仁王門を左に回って境内に一歩足を踏み入れると、鎌倉期の空気が濃厚に立ち込めた景観が目前に展開する。

梵字の「阿《あ》」の字の形をしているので、「阿字池《あのじいけ》」と呼ばれる池には、朱塗りの反橋《そりばし》と平橋が架けられている。この朱の色が、周囲の自然によく映え、雅《みやび》な雰囲気を醸し出している。

この朱色が名庭にふさわしくないという人もいるが、現在古色蒼然としている庭園建築であっても、創建当初は朱や金箔に彩られた豪華絢爛《けんらん》な姿であったはずであり、長い時間を隔て彩色や箔が剥《は》がれ落ちた結果なのである。ましてや浄土式庭園は、あの世である極楽浄土を再現したものであり、彩り豊かでなければならない。よって当初の姿に復元された朱色も素直に受け入れたいところである。

阿字池は、往時よりかなり狭くなってしまっている。また中央の中島の形も変わってしまった。しかし、仁王門、反橋、中島平橋、金堂が一直線に並ぶ形式は、「洋池式浄土庭園」と呼ばれ、浄土式庭園の中でも特に珍しいものである。

平泉の毛越寺や、いわき市の白水《しらみず》阿弥陀堂、奈良の円成寺《えんじょう》など数えるほどしか現存しない形式であり、極めて貴重な遺構といわねばならない。

池辺には、小石を敷き並べて海辺の景色を写した州浜が再元されている。また石組の中で抜き取られた箇所や、植栽についても前述の絵図をもとに忠実に復元されており、発掘された廃園とはまた違った趣きがある。

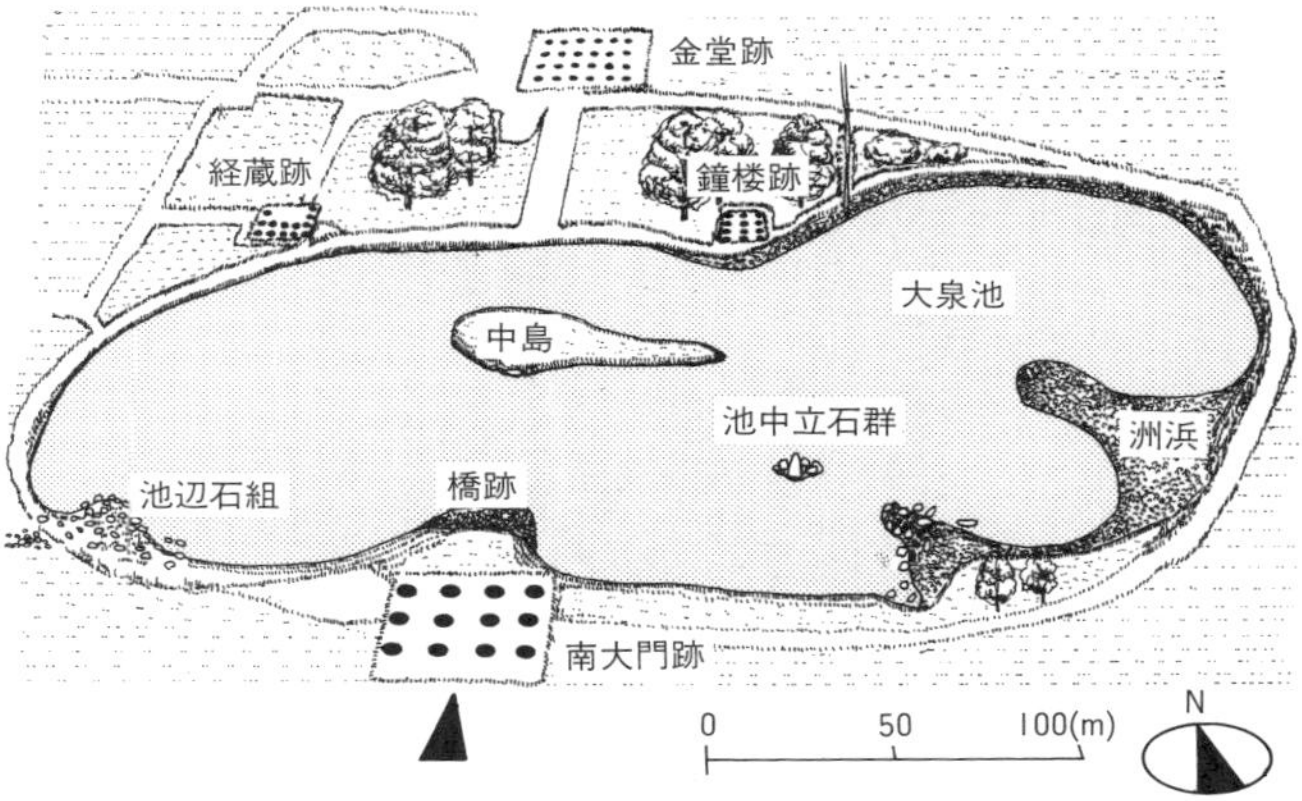

◉毛越寺 庭園鳥瞰図

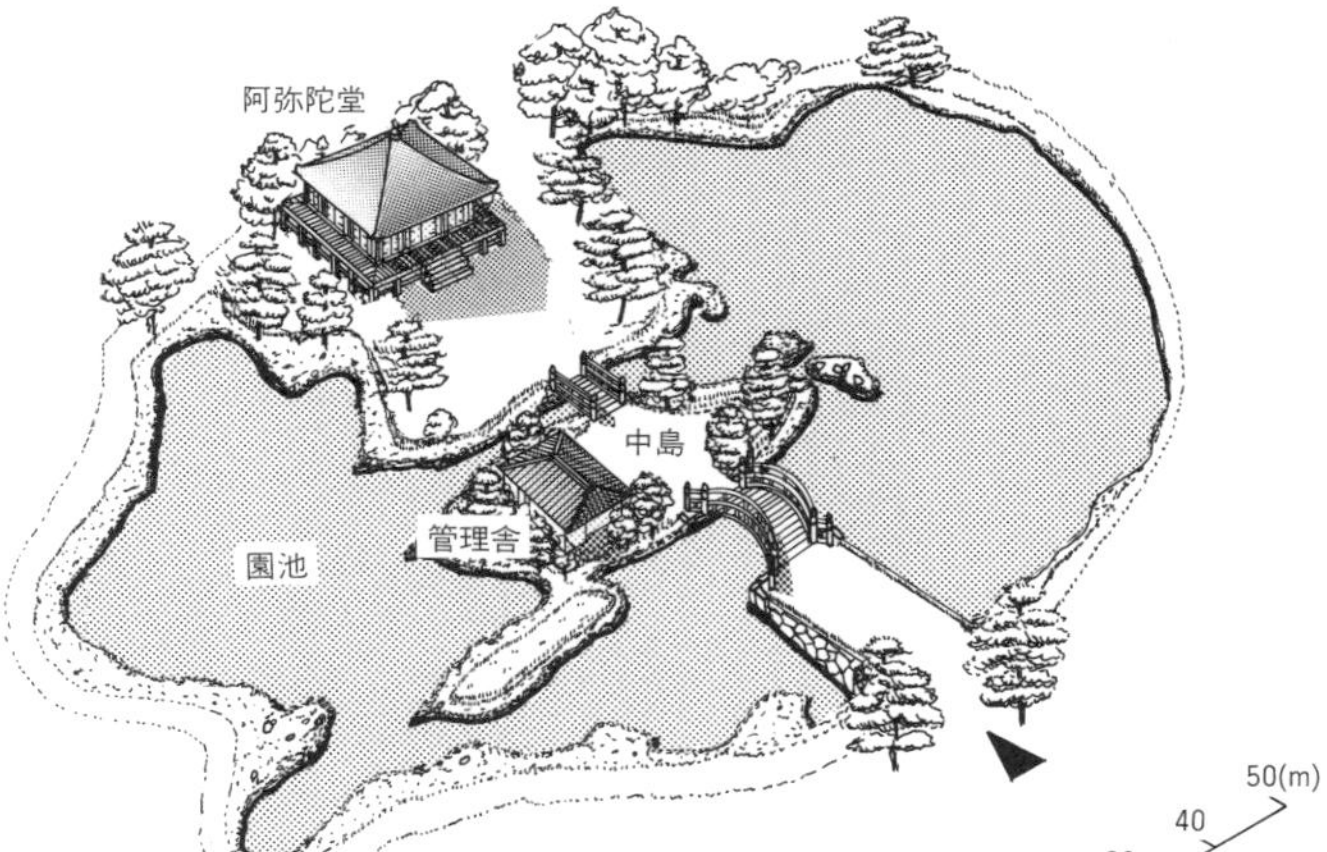

◉白水阿弥陀堂 庭園鳥瞰図

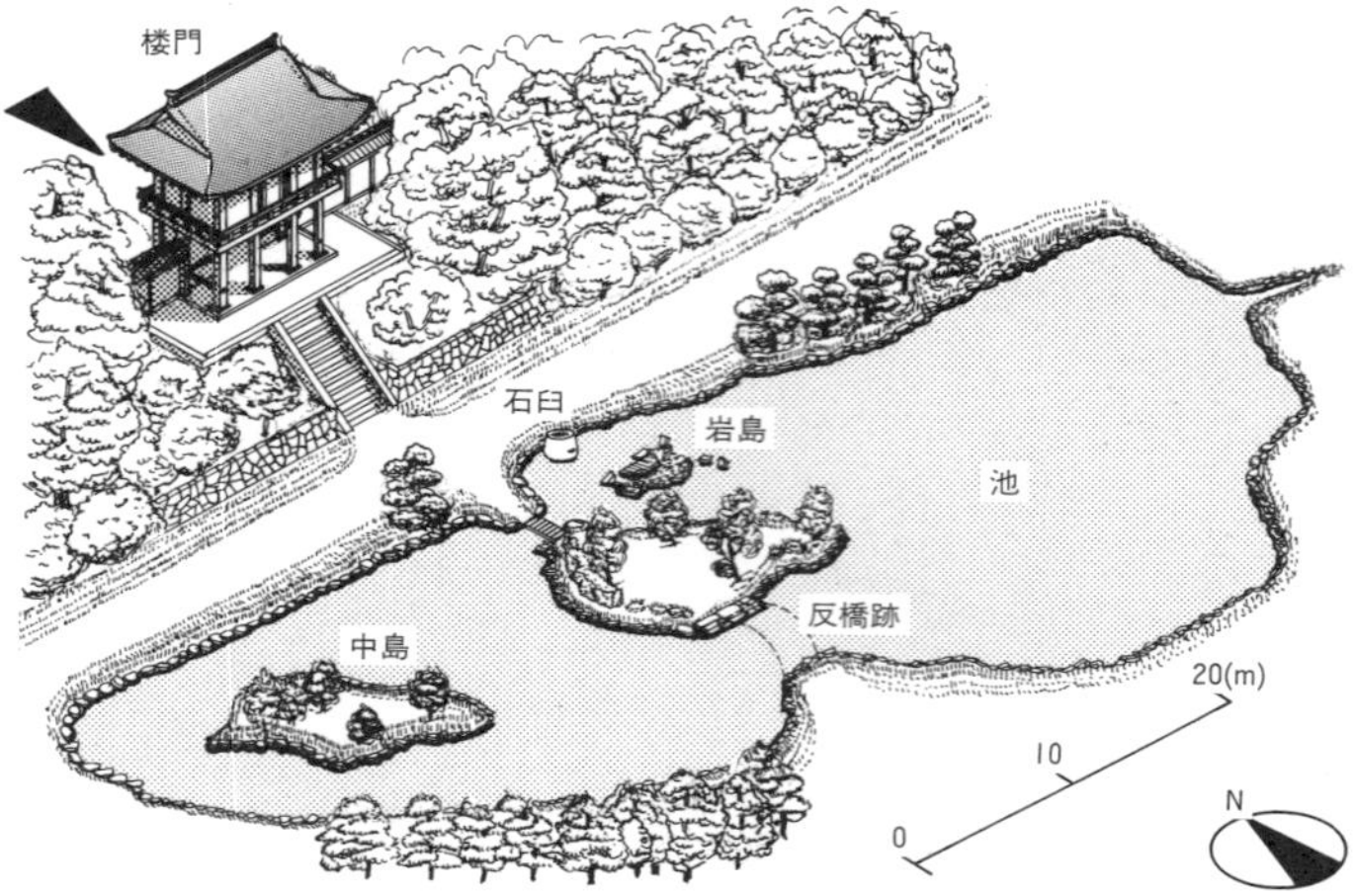

◉円成寺　庭園鳥瞰図

池中の庫裡に近い池岸に、水面から突き出ている細長い石は俗に「姥石《うばいし》」と呼ばれて語り継がれてきた名石である。『江戸名所図絵』には称名寺の池中にこの姥石と美女石を並べて描き、「ともに池中、橋より西にあり、金沢四石と称するもののその一たり」と記している。現在、美女石の方は池中に没して姿が見えない。

『江戸名所図絵』に記された金沢四石というのは、称名寺の二石のほか、京浜急行金沢八景駅の近くにある琵琶島弁天の福石と、もう一つは、称名寺の近くにある金竜院本堂脇の飛石であるという。

金堂は、前述の通り江戸時代の再建だが、中に安置される本尊の弥勒《みろく》菩薩像は、鎌倉後期の木造仏で、東国における基準作といわれ、重要文化財に指定されている。一九一三年、像内から建治二（一二七六）年の墨書名と北条実時の遺族や住僧らによる納入品が発見された。

また金堂右手の釈迦堂も江戸末期の再建であるものの、内部の釈迦如来像は同じく鎌倉時代の木造仏で、珍しい清涼《せいりょう》寺釈迦如来像であり、重要文化財に指定される。

このほか寺には、鎌倉時代の十一面観音像（重要文化財）や十大弟子像、僧形八幡像、愛染明王像（重要文化財）などが残る。

なお、金堂前の鐘楼に架けられている梵鐘は、一三〇一年の鋳造であり重要文化財に指定される。金沢八景の一つ「称名の晩鐘」は、この鐘のことであり、庭園に風情ある音を添える。

彼岸と此岸の空間構成

称名寺のロケーションをみると、北に稲荷山、東に日向《ひゅうが》山、西に金沢山があって三山に囲まれた地形に造られたことがわかる。こうした地形は、古代中国の風水において文明の栄える吉相とされている。すなわち北、東、西から「龍脈《りゅうみゃく》」と呼ばれる気が流れ込む「穴」にあたる地点に称名寺の庭園が位置しているのである。

こうした風水思想による遷地は、日本初の本格的な都城である藤原京においてすでに行われており、北の耳成《みみなり》山、東の香久《かぐ》山、西の畝火《うねび》山といった大和三山に囲まれた地が選ばれている。同様の遷地は、平城京においても行われたとみられ、遷都の詔勅に「平城の地は、四禽図に叶い三山鎮を作す」と記されている。実際、平城京は北が那羅《なら》山、東が春日《かすが》山、西が生駒《いこま》山に囲まれていることがわかる。

称名寺の遷地においても、同様に三山に囲まれた地を意図的に選んだといってよいだろう。現に南北一直線に仁王門、反橋、平橋、金堂を並べた配置をとっており、方位が重視されている。

前述の結界図を見ると、創建当初は池の東岸に方丈、霊堂、浴室、東司といった僧侶の修業と日常生活の空間が集められているのがわかる。すなわち太陽の昇る（生まれる）東側を生きた人間の場としたふしがある。

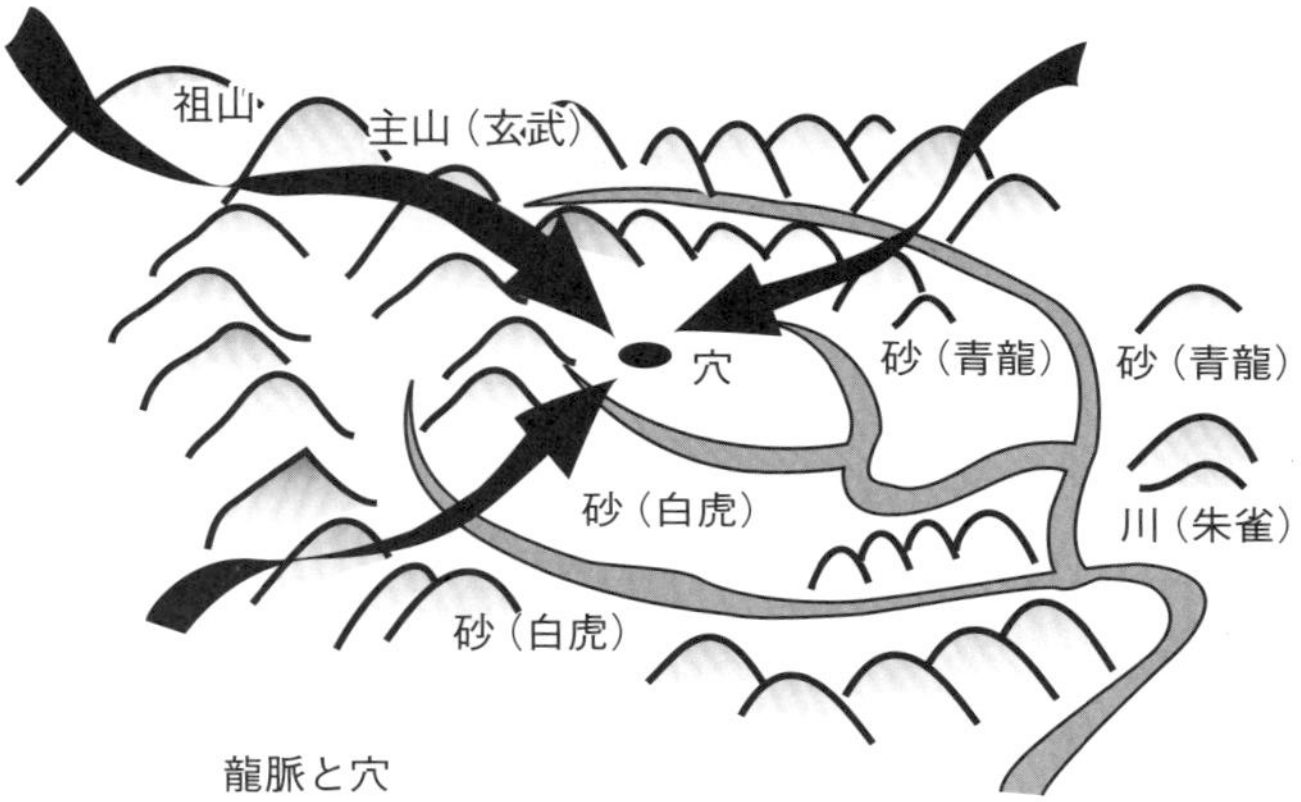

◉龍脈と穴 概念図

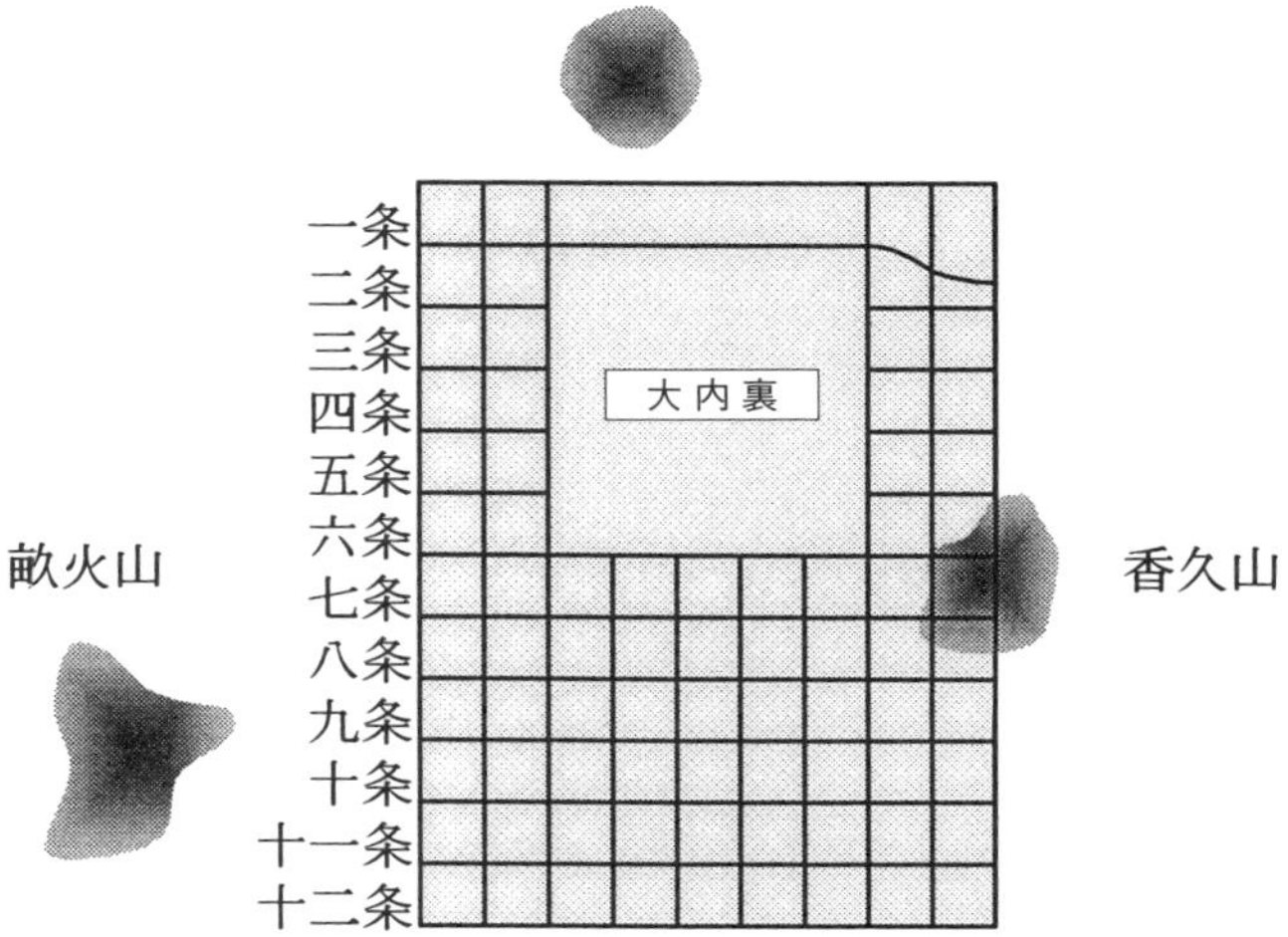

◉藤原京 配置図

一方、池の西岸には、三重塔や称名寺本堂、新宮といった西方浄土の仏や神の空間が集められていることがわかる。すなわち太陽の没する（死ぬ）西側を浄土に見立てた節がある。

結界図を見ると、これらの建物はすべて池に臨んで正面を向けていることから、偶然ではなく意図的な計画とみてよいだろう。つまり、称名寺庭園のコンセプトは、此岸《しがん》と彼岸《ひがん》を池を挟んで対峙させることにあったといってよい。

よって、この庭の正面は北の金堂ではなく、西の彼岸であり、観賞位置は、東の此岸、あるいは中島ということになる。すなわち、仁王門からまっすぐ反橋を渡って中島に至り、彼岸を望むのである。

池の広さをみても、橋の東側より西側の方に二倍以上の幅と奥行きをもたせているのは、正面が西岸であることを示しているといってよい。

夕暮れ時、西日に水面が赤く染まる頃、この庭に対峙すると、鎌倉幕府滅亡とともに自害して果てた貞顕の往生極楽へのせつなる憧景がふとよぎるのである。

なお、称名寺の西の金沢山の麓に、北条一族の墓地があり、寺から見て、いわば西方浄土に見立てられた位置にある。十数基の五輪塔が並び、玉垣に囲まれて、顕時・貞顕の墓があり、鎌倉時代の様式をもつ。

その他、称名寺の開山・北条実時の墓は、寺の北の稲荷山の中腹に玉垣に囲われてたたずむ。いかにも称名寺を見守っているような位置を占める。

称名寺の参道は、庭の軸線をそのまま南に延ばしたもので、そのまま海へ通じている。称名寺庭園は、周囲の山や海、太陽の運行といったランドスケープと一体となっていることがわかる。

②

三渓園……建築博物館としての庭

原三渓のコレクション

三渓園《さんけいえん》は、鎌倉ではなく横浜の庭園であるが、鎌倉・東慶寺仏殿やそのほか数多くの鎌倉の遺構が移築されており、また鎌倉にほど近い場所にあることから、あえて本書にて取り上げる次第である。

三渓園を造った原三渓《はらさんけい》は、本名原富太郎《はらとみたろう》といい、明治・大正期に生糸の輸出で成功した実業家である。一八六八年、岐阜県羽島郡の庄屋・青木家の長男として生まれ、早稲田大学の前身、東京専門学校で学びつつ跡見《あとみ》女学園の教師をしていた。教え子に横浜一の生糸商であった原善三郎の孫娘、やすがいたことから、富太郎は二十五歳の時、見込まれて善三郎の婿養子となった。

善三郎が没すると、富太郎は事業を引き継ぎ発展させることに成功、その財力を美術品の収集につぎ込んだ。現在、奈良の大和文華館の収蔵品の中心は、富太郎のコレクションだったものという。

三溪園の十七・五万平方メートルに及ぶ土地は、先代・善三郎が本牧《ほんもく》に購入したもので、東京湾を望む別荘を造り、これを伊藤博文《いとうひろぶみ》は松風閣《しょうふうかく》と命名したという。

富太郎は、この土地に庭園を造ることを決意、全国から優れた歴史的建造物を集め、三溪園を完成したのである。「三溪」とは、この地の地形が三つの溪(谷)をもつために「三之谷」と呼ばれていたことから、富太郎の雅号として用いられたものである。

全国から金にあかせて建築物を買ったというと、一見聞こえが悪いが、当時は廃仏毀釈《はいぶつきしゃく》が吹き荒れていた時代であり、また西洋近代化から、歴史的建造物が大量に破壊された時期であった。その価値を理解した上で、破壊から救ったというのが本当のところであろう。

ちなみに富太郎は、関東大震災以後、三溪園の造営を中止し、横浜の震災復興に力を注ぎ、現在の山下公園なども三溪によって造り直されたものである。

一九〇六年には、早くも外苑に限ってのことではあるが、原家庭園として一般に公開している。しかし、第二次世界大戦の空爆により、大きな被害をうけた。

◉三渓園　全景

一九五三年、原家から横浜市に寄付され、財団法人三渓園保勝会に移管されて復興工事が行われ、一九五八年にほぼもとの姿を取り戻した。

外苑と内苑

園内に一歩足を踏み入れると、すぐに視界が開け、雄大な景観が展開する。小舟がつなぎ留められた池の背後の築山には三重塔が建ち、庭園の焦点となっている。

三重塔の東の谷間は梅林となっており、その中を縫うように渓流が流れる。これが三渓の名のもととなった三つの流

◉三渓園 林洞庵

◉三渓園 横笛庵

◉三渓園 旧東慶寺仏像

れの一つである。

この流れに沿って茶室・林洞庵《りんどう》、横笛《よこぶえ》庵が点々と建てられ、山里の情景を巧みに造り出している。谷の最も奥には旧東慶寺仏殿があり、山寺の趣きを形作っている。なお、三重塔の南には、海岸を望む台地があり、松風閣が建つ。これが先代原善次郎が別荘として造った最初の建物である。

以上が、最初に一般へ公開された外苑である。これに対し、三渓記念館を挟んで西側は内苑となっている。

内苑は、世俗を離れた数寄の空間であり、数寄者として原三渓が最もこだわった庭園である。三溪の晩年の住居である白雲邸《はくうん》は御門《ごもん》を潜ってすぐ右に建つ。

臨春閣と桂離宮

内苑を代表する庭園建築として、一九一五年に移建された臨春閣《りんしゅんかく》がある。この建物は一六四九年、紀州徳川家の初代頼宣《よりのぶ》が、和歌山市の東北、岩出町の紀ノ川に張り出して建てた夏の別荘巌出御殿《いわでごてん》だったもので、重要文化財に指定されている。

一七六四年、紀州徳川家から、大阪・泉佐野の長者飯野左太夫に与えられ、大阪・春日出に移建されて「八州軒《はっしゅうけん》」と命名され、別荘として使われた。その後、清海氏の所有となり、一九〇六年、三溪が譲り受けたという。

紀ノ川沿いに建てられていた頃は、正面に遠く紀州富士（龍門山）を望み、岩出の地名通り、紀ノ川には人とり岩、畳岩、なまず岩、えぼし岩、車岩といった奇岩が点在していたという。また、上流は木材の産地で筏が下り、景観に風情を添えていたといわれる。

臨春閣は、現存する唯一の大名別荘建築であり、内部の障壁画は狩野永徳、山楽、探

◉三渓園 白雲邸

◉三渓園 臨春閣

幽らの手になるものといわれ、手前から第一屋、第二屋、第三屋の三棟の建物が池に面して雁行《がんこう》型に配されている。

第一屋は、取次や警護の家臣が詰める遠侍《とおざむらい》、第二屋は対面所で、開放的な数寄屋造りとなっている。また第三屋は、欄間《らんま》に笙《しょう》などの楽器や百人一首の色紙形を散りばめるなど、自由な意匠が見られ、居間として用いられたようである。

当初は、二階建ての第三屋は、第一屋の右側に建てられていたという。しかし三渓は、大規模な改築をしてまで、今日の姿にこだわったのである。なぜ三渓はかくもこの配置にこだわったのだろうか。

それは、おそらく臨春閣が「東の桂」と呼ばれることからも、京都の桂離宮《かつらりきゅう》を参考にしたためとみられる。臨春閣の前身・巌出御殿が造られたのは一六四九年、桂離宮は一六一五年から一六六二年であり、ほぼ造営時期が重なる。

また紀ノ川にせり出して建てられていた第一屋は高床式の建物で、桂川の水を引き入れた池に面する桂離宮書院群と類似した意匠をもつ。さらに内部についても、「奇麗さび」と呼ばれる小堀遠州好みの同様の意匠がみられる。その他、どちらも狩野探幽《たんゆう》らの障壁

◉桂離宮 書院群

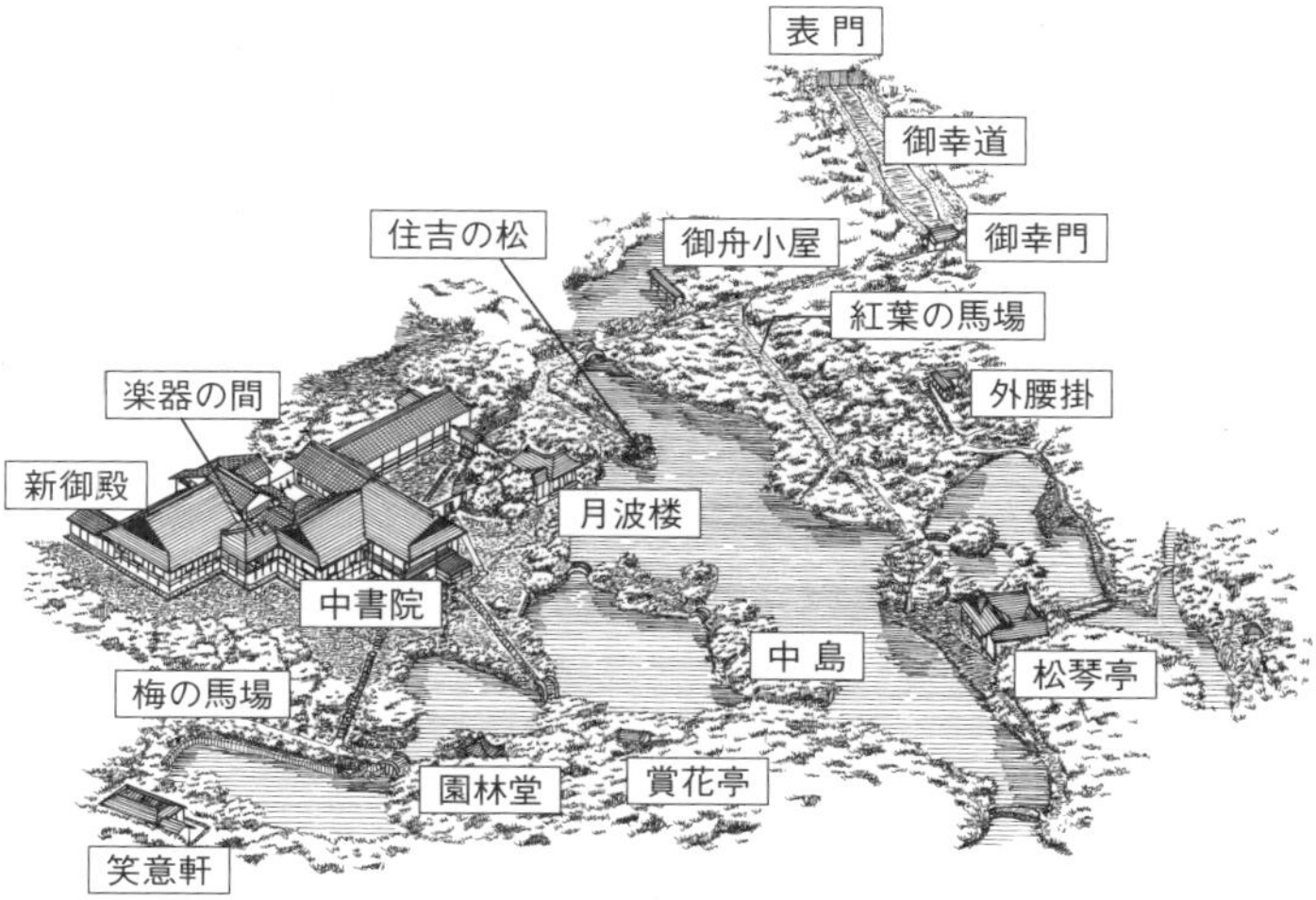

◉桂離宮 鳥瞰図

画をもっている。

これらの類似点から、臨春閣を三溪園に建てる際、三溪は桂離宮書院群を参考にしたのではないだろうか。というのも、三溪は白雲邸の中に、桂離宮書院群の有名な桂棚を参考にして三溪棚を造っており、三溪の桂離宮への憧憬がうかがわれるからにほかならない。

桂離宮書院群は、古書院、中書院、新御殿がやはり雁行型に奥へずれて配されているが、中書院と新御殿が居間の役割を与えられており、内部も自由な意匠が見られる。古書院には月見台こそ付属するものの、「御輿寄《おこしよせ》」や「鑓《やり》の間」、「鎖《くさり》の間」などで構成され、遠侍の性格が強い。

つまり、三溪は、もともと第一屋にあった建物を第三屋にすることによって、桂離宮の書院群に近い配置にしようとしたのではないだろうか。建物を桂離宮と同様、完全に雁行させたのも、書院群が念頭にあったためであろう。

そうした桂離宮への三溪のこだわりは、三溪園の随所に認めることができる。例えば、三重塔という宗教建築を景観上の重要な施設として置いたのは、桂離宮の庭園に園林堂《おんりんどう》という仏堂が配されるのと同様の構成になっている。また、内苑への苑路が、御門で九〇度屈曲するのも、桂離宮の御幸門と御幸道に見られる意匠である。その他、庭園のさまざまな箇所に、桂離宮からの引用ともいうべき手法がみられるのである。

一方、臨春閣の観賞ポイントとして、二カ所が設定されている。亭榭《ていしゃ》と土橋であり、池に浮かぶ第二屋からこれら二つの景観を楽しむことができる。また反対にこれら二つのポ

◉桂離宮　園林堂

イントから臨春閣の雁行する姿が美しく見えるように造られている。こうした相互にその景観を楽しめる配置というのも、桂離宮の書院群と園林堂前の土橋と賞花亭の関係の引用とみることができよう。

なお、亭榭は桂離宮と双璧の庭園といわれる修学院離宮の千歳橋《ちとせ》に類似した橋亭で、三渓自身の設計であるという。

聴秋閣

亭榭が架かる渓流を上流へさかのぼった地に、聴秋閣《ちょうしゅうかく》がある。一六二三年、三代将軍家光の命によって、佐久間将監《しょうげん》が二条城内に「三笠閣《みかさ》」と呼ばれる茶亭を建てた。この茶亭が家光の乳母・春日局に下賜され、局の孫である稲葉《いなば》正則《まさのり》の江戸下屋敷に移築されたという。近代に入り、二条公邸へさらに移され、一九一四年三渓園へ移建されたのが聴秋閣である。

二階建の数寄屋風楼閣建築で、一階は茶席、二階は眺望を楽しむ座敷となっている。一階の平面は複雑な構成をもち、土間、床の間、棚、床の間に斜めに取り付く書院、階段室からなる。土間は珍しい木製の方形タイルが貼られている。

臨春閣の春に対して、聴秋閣は秋を名に冠しており、前者が池に面していたのに対し、後者は山に対峙しており、臨春閣に対比させて設定されたのがこの聴秋閣であるといってよいだろう。

複雑な外観が、樹木に覆われた凹凸の激しい地形と調和し、渓流のせせらぎとともにスズムシやコオロギの奏でる虫音を聞くといった寸法であろう。大正の頃までは、渓流にホタルが飛び交ったといい、秋の夜長を楽しむ茶亭である。

春草盧と天授院

聴秋閣よりさらに奥に進むと、茶室・春草盧《しゅんそうろ》がある。谷の奥へ分け入るにつれて、数寄屋色がさらに高まり、ここでは本格的な茶室となっている。

三室戸《みむろと》寺金蔵院の客殿に付属していた茶室であり、月華殿《げっかでん》とともに三渓園に移建されたものという。茶人・織田有楽《うらく》の作といわれ、もとは「九窓亭《くそう》」と呼ばれたといわれる。

その旧名の通り、大小さまざまな九つもの窓をもち、躙口《にじりぐち》を入ると、竿縁天井を張り、点前座《てまえざ》だけが駆け込み天井としている。

苑路を進み、再び内苑池の畔に出ると旧天瑞寺寿塔覆堂《てんずいじじゅとうおおいどう》を通過し、亭榭を通り、月華殿、天授院《てんじゅ》へと至る。これは、前述の数寄屋の動線に対し、仏教施設の動線とみることができよう。

その最も奥にあって、すべてを見下ろす天授院は、原家の持仏堂であり、その山の中腹には宝篋、印塔が配され、仏教色が最も高まる場所でもある。

なお、月華殿は、宇治の茶商・上林三入《かんばやしさんにゅう》が一六〇三年、徳川家康が再興した桃山城の遺構を下賜され、それを三室戸寺に寄付した客殿であるという。簡素な書院造りで、主室である檜扇《ひせん》の間にも一間の床の間が付くだけで、違い棚も書院もない。

また、天授院は明治末年に三渓が鎌倉から買い取った持仏堂である。一六五一年の心平寺の地蔵堂であるという。かつては縁と高欄が巡っていたといわれ、内外とも黒漆塗であったという。

豊臣秀吉への憧景

三溪園を歩いていて、興味を引くのが、戦国の武将・豊臣秀吉の遺構が数多いことである。例えば、臨春閣第二屋前の手水鉢は、一五八九年、秀吉が架け替えた京都五条大橋の橋脚を転用したものであり、また第三屋前の瓢箪《ひょうたん》文手水鉢は、秀吉自身が愛用したもので、後に大名・藤堂高虎《とうどうたかとら》に賜り、伊賀上野《いがうえの》城にあったものという。さらに身代わり灯籠というのも、秀吉の茶室・千利休が刺客に襲われた時、体をかわしたので流れた刀が当たった灯籠といわれる。

一方、旧天瑞寺寿塔覆堂は、一五八八年に秀吉が母大政所《おおまんどころ》の病気平癒を祈って大徳寺に塔頭天瑞寺を創建した際、寿塔を建て、これを納めた覆堂であるという。天瑞寺が明治に入り廃寺になったので、黄梅院に覆堂は移建され、一九〇二年、さらに三溪園に移建されたものといわれる。

また、三溪自ら設計した亭榭は、北の政所の高台寺の月見台がモデルになったともいわれる。さらには三溪が臨春閣その他の参考としたと思われる桂離宮の創建者八条宮智仁《としひと》親王は、秀吉の養子であった人物である。なぜこれほどに秀吉にちなむものが三溪園に数多いのだろうか。

三渓の故郷・柳津町は、秀吉の有名な墨俣《すのまた》一夜城と長良《ながら》川を挟んだ川向こうに位置している。また三渓が毎日見上げて育ったという金華山は、信長の岐阜城跡である。

三渓の故郷の村を駆け抜けていった戦国の武将たちは、彼にとって単なる歴史上の人物ではなく、秀吉は同郷の出世頭と感じていたのではないだろうか。

第八章

その他の庭園

苔寺・駆け込み寺・竹の寺

①　鎌倉の苔寺……妙法寺・覚園寺・杉本寺

妙法寺

鎌倉の寺院の多くは、谷戸と呼ばれる谷間の斜面に建てられており、気候的に極めて湿度が高い。そのために、竹林や苔が美しい寺が多く、来訪者を魅了する。

また、谷戸は谷間へ細長く延びているため、まとまった面積の庭園を造るのは困難であり、どこまでが庭なのか境界がはっきりしないまま、裏山へ続いている場合が多い。もっとも、禅宗寺院が多い鎌倉では、いわゆる禅宗伽藍と呼ばれる七堂を縦一直線に並べる形式の寺が一般的で、参道そのものが茶室の露地のような庭園を形成していると見ることが可能であろう。

よって鎌倉の苔寺といっても、参道上の苔を鑑賞するものであって、京都の西芳寺のように池泉回遊式庭園の苔を賞でるものとはおのずと異なる。

鎌倉の寺院は、どこを訪れても苔が美しいが、中でもとりわけ名高いのが妙法寺《みょうほう》である。妙法寺は一二五三年、日蓮《にちれん》上人が鎌倉を訪れ、初めて草庵を結んだ日蓮宗最初の道場といわれる。一二六〇年には、日蓮と敵対する僧や武士の焼き打ちに遭ったが、その後復興し本国寺《ほんこく》を造営し、日蓮はこの地で二十数年を過ごしたといわれる。

この本国寺は、一三五七年に京都へ移転したため、護良《もりなが》親王の遺子、日叡《にちえい》が亡き父の菩提を弔い、また日蓮上人の旧跡をとどめるため、同年本国寺の跡地に建てられたのが妙法寺である。

境内は、谷戸にあるため庭を設けるには狭いが、うっそうと木々が茂り、周囲の自然に融け込んでいる。幾つかある急傾斜の鎌倉石の階段は、幾多の参拝者が上り下りしたのだろうか、表面がすり減って不ぞろいにゆがんでいる。中には通行禁止の石段もある。

そして、その表面をむせかえるように覆っているのが、この寺の有名な苔である。いわば鑑賞用石段というべきだろうか。るり色の苔は、日差しによって微妙に色が変化し、去りがたい魅力に満ちている。

なお、本堂の脇には中島のある石組の施された池がある。十分江戸時代までさかのぼれ

◉妙法寺　石段苔庭

◉妙法寺　池庭

◉覚園寺　本堂

る造りだが、現在は荒廃し、立ち入り禁止になっているのが残念だ。

覚園寺と杉本寺

この妙法寺に次いで、苔寺として知られるのが、覚園寺《かくおん》である。寺の起こりは、鎌倉幕府二代執権北条義時が一二一九年に建てた薬師堂であり、一二九六年、北条貞時が元冦襲来《げんこう》を恐れ、祈願寺に改めた。

その後、火災で焼失したが、一三五四年に室町初代将軍足利尊氏によって再建された。本堂には、丈六の薬師如来像が本尊としてまつられ、重要文化財に指定されている。本尊の脇侍として左右に日光・月光菩薩像が安置され、周囲には等身大の十二神将が立ち並ぶ。

また、愛染堂には愛染明王像や阿閦《あしゅく》如来像、不動明王像などがあり、仏像の寺としてもよく知られている。

境内は、冷ややかな清爽の気がみなぎっており、そびえ立つ杉木立ちの下には、苔むした参道が続き、木もれ日が降り注ぐ。

苔庭としての最大の見どころは、地蔵堂前に密生したるり色の苔のじゅうたんであろう。この苔庭は、あのノーベル文学賞を受賞した川端康成が愛したといわれ、苔好きにはたまらない魅力をもつ。

幽玄の境地にるり色の苔と相まって、極楽浄土とはこんな風景ではないかと思わせるほどである。

妙法寺や覚園寺と並び称される鎌倉の苔寺が杉本寺《すぎもと》である。鶴岡八幡宮から東へ金沢街道を一・三キロほど進むと、大蔵山《おおくら》が左手に迫ってくるが、その中腹に本堂があり急勾配の石段が延びている。

『杉本寺縁起』によれば、七三四年、僧行基が自刻の十一面観音菩薩像を本尊として創建したという。のちに慈覚《じかく》大師が同じく十一面観音菩薩像を内陣の中尊として納めたといわれる。

さらに九八六年、恵心《えしん》僧都が花山法皇の命を受けて十一面観音菩薩像を安置したという。そのため、今日「三尊同殿」といって、三つの十一面観音菩薩像を本尊として観音

◉杉本寺　石段苔庭

堂に祀っている。坂東三十三カ所観音霊場の第一番としてよく知られる。

両側にのぼりが立ち並ぶ風情ある石段を上がり、一七二五年建立という二王門を潜るとさらに石段が上に続いていく。鎌倉石の石段は、無数の参詣者によって踏み減らされ、ほとんど原形をとどめていない。

そしてその石段の上に厚みのある見事な苔が生える。むろん、この石段は通行禁止となっており、左側に本堂へ向かう石段が造られ、そこを上りつつ、苔の石段を鑑賞するといった寸法である。

風にはためくのぼりの白とるり色の苔の対比が美しい。苔の色は木もれ日によって様々に変化し、いつまで眺めていても飽きることがない。

弓なりにすり減った石段の凹凸が、この苔をさらに風情あるものにしている。特に梅雨の時期、願わくば、朝日の下で眺めることをお勧めしたい。

② 東慶寺

駆け込み寺

東慶寺《とうけい》は一二八五年、北条時宗の正室・覚山志道尼《かくさんしどうに》を開山として、その子貞時が創建した寺である。時宗の死後、夫人は剃髪して尼になり、亡夫の供養につとめた。

以後、東慶寺は北条氏の比護を受け、尼寺として代々、名門出身の尼僧が住持となった。特に第五世住持の用堂尼《ようどうに》は、後醍醐天皇の皇女であったため、東慶寺は通称「松ヶ岡御所」と呼ばれるようになったという。また、第二十世の天秀法泰尼《てんしゅうほったいに》は、豊臣秀頼《ひでより》の息女で、あの天下人、豊臣秀吉の血を引く人物であった。

鎌倉五山に対して、鎌倉尼五山という順位があって、東慶寺はその第二位となる。なお、鎌倉尼五山とは、大平寺、東慶寺、国恩寺《こくおん》、護法寺《ごほう》、禅明寺《ぜんみょう》であり、現存するのは東慶寺だけである。後北条氏が建長寺、円覚寺、東慶寺を指して鎌倉三ヶ寺といったことからも、東慶寺の格式がいかに高かったかが忍ばれよう。現在、東慶寺は尼寺ではなく、一九〇二年以降、男僧寺になったという。

東慶寺は駆け込み寺、縁切り寺と呼ばれ、創建以来数多くの女性を救ってきた。かつて夫は、三下《みくだ》り半（三行半の文章）で妻を離縁することができたが、逆に妻の方から縁を切ることはできなかった。

そこで覚山尼は、離縁を望む女性が、この寺で三年修業すれば離婚が成立するという縁切り寺法をつくったという。当初は、とにかく東慶寺に駆け込めば離婚が認められたという、身に着けたものを投げ込んでも有効であったといわれる。嫁入り前の娘が結婚を望まぬ場合も駆け込むことができた。

江戸時代の中頃には、夫婦それぞれの言い分を聞き、法的に裁く松ヶ岡御所役所が寺内に建てられた。一八〇二年の訴訟文書に「役人詰合役所」とあるので、この頃すでに存在していたことがわかる。また、一八三九年の『相中留恩記略《そうちゅうりゅうおんきりゃく》』の絵図にも描かれている。

現在の伽藍は、山門、鐘楼、庫裡（香積台）、書院、本堂（泰平殿）、水月堂《すいげつ》（観音堂）、寒雲亭《かんうん》（茶室）、宝蔵などで構成されている。一六三四年の建立になる仏殿は、一九〇七

◉東慶寺　参道露地

◉東慶寺　本堂

年、三溪園に移建され、重要文化財に指定されている。

なお、東慶寺のかつての梵鐘は、現在伊豆韮《にら》山の本立《ほんりゅう》寺にあり、一三三二年に清拙正澄が鋳造したことを示す銘をもつ。現在の梵鐘は、観応元（一三五〇）年の銘をもつ材木座補陀洛《ほだらく》寺のものである。

江戸末期に描かれた『東慶寺境内図』（東慶寺蔵）を見ると、表門の内側にさらに中門があり、その傍に観音堂、仏殿、方丈、土蔵がある。また蔭凉《いんりょう》軒、青松《せいしょう》軒、永福《ようふく》軒などの子院が建ち並んでいたことがわかる。

境内全体が露地としての庭園

北鎌倉駅から徒歩四分、鎌倉街道から東慶寺への道へ一歩足を踏み入れると、正面に小さな茅葺きの山門へ延びる石段が見える。幾多の駆け込み女がこの階段を上ったことだろうか。

石段を上がり、山門を潜ると敷石の参道が奥へ延び、そのアイストップとして露座の釈迦如来像が安置され、その両脇がアジサイと梅林の露地庭園となっている。今日、東慶寺

◉「東慶寺境内図」（東慶寺蔵）

は鎌倉屈指の梅の名所として知られる。この参道の右の庭の奥に庫裡と泰平殿《たいへいでん》が建ち、左には鐘楼と寒雲亭が建てられている。正面に「波羅密《はらみつ》」と書かれた扁額の揚げられた仏殿、泰平殿の背後には、孟宗《もうそう》竹の竹林があり、屋根のシルエットを引き立てている。

参道は、露座釈迦如来像の位置からやや右に屈曲し、右に水月堂と松ノ岡宝蔵、左に菖蒲《しょうぶ》庭園が広がる。水月堂には、水月観音像が安置されており、水面に映る月を眺める姿をしている。普段は内部を拝観できないが、予約を入れれば姿を拝むことができる。

なお、宝蔵には、本尊である聖観音菩薩像が収蔵されており、重要文化財に指定されている。このほか、重文指定の幾つかの寺宝が収められており、拝観可能である。

宝蔵前から、参道は上り坂となり、墓地へと続く。墓ひとつひとつが、きれいに刈り込まれたツゲなどの植栽で囲まれ、ヨーロッパの整形式庭園のような景観が造り出されている。歴代の住持のほか、学者や作家、文化人など、著名な人々が静かに眠っている。

鈴木大拙、西田幾太郎、和辻哲郎、小林秀雄、東畑精一、安倍能成、中川善之助、岩波茂雄、田村俊子、高見順、太田水穂、川田順、大松博文などの墓がある。

東慶寺には、池や石組はないが、境内全体が細長い谷戸の地形を生かした露地としての

◉東慶寺　露地庭園

◉東慶寺　菖蒲庭園

庭園になっている。茶室の露地は、茶室へ達するまでの精神を高揚させるための演出空間である。この庭もまた、エクスタシーとしての墓地へ至るまでの花々による演出空間といってよいだろう。

回遊式庭園と呼ばれるものも、様々な体験の連続による庭であるが、東慶寺の庭も、変化に富んだ緑や花、紅葉、竹林による演出の連続による庭といってよい。谷戸の多い鎌倉独自の庭園のあり方といえよう。

脱走を防ぐ庭園

駆け込み寺として、東慶寺は古来離縁を望む女性の修業の場であったことはいうまでもない。しかし、修業中、夫や子供のことが思い出され、脱走することも少なくなかったという。

脱走後、寺に連れ戻されると罰則により、丸坊主にして素っ裸でたたき出されたり、牢屋に入れられたりしたといわれる。確かに別れてのちに恋しくなるのが夫婦の情愛かもしれないし、子供連れで寺に駆け込むことは許されなかった。しかし、夫のもとへ戻っても、再び暴力を受けて駆け込む者もあったという。

そこで寺は、心を鬼にして脱走を防ごうとしたという。江戸時代までの東慶寺の東側は、表門と番所、役人宅、裏門で厳重に固めていた。また、北側は、蔭涼軒、方丈があって、その裏山は断崖絶壁の切岸であった。

さらに西の裏山は、昼でも暗い杉と松の巨木の密林になっていた。残る南も浄智寺と境を接している。つまり四方すべてに逃げ道がないよう建物の配置や地形を考えて伽藍が構成されていたことになる。

しかも、当時その周辺は、さらに内外二重の垣根が張り巡らされていたという。その垣根を春と秋に二回修理を施して、駆け込み女の逃亡を防いだという記録があるという。

現在も裏山には、当時の生垣であった椎《しい》の老木が数十本残っている。いわば、脱走を防ぐための庭造りがなされていたことになる。

③

長谷寺……観音寺の放生池

観音伝説

鎌倉の観光客が高徳院《こうとく》大仏とともに必ずといってよいほど訪れるのが長谷寺《はせでら》である。寺のあるこの地は古来、交通の要衝で、坂の下の港町として、また高徳院大仏や長谷寺の門前町として発展してきた。

高徳院大仏は、一二六一年に造られた青銅製の阿弥陀如来座像で、鎌倉で唯一国宝に指定される仏像でもある。木造を原型に内型とし、土砂を堆積して外型とし、そのすき間に青銅を溶かして流し、冷やし固めたという。

現在、大仏の斜め前方に庭園があることはあまり知られていないが、遣水のようなこの庭園遺構は、あるいは大仏を造った時の冷却水路跡であるかもしれない。一考を要するだろう。次には長谷寺に足を向けよう。

◉高徳院 庭園遺構

◉長谷寺 山門

参道を百メートルほど歩くと、小さな山門が見えてくる。正式には、海光山慈照院《かいこうざんじしょういん》長谷寺という。

『長谷村浄土宗長谷寺観世音菩薩略縁起』には、次のような伝説が記されている。七二一年、奈良の長谷の山林で、香りと光を発するクスノキの大木を徳道《とくどう》上人が見つけ、その大木から十一面観音像二体を刻み、一体を本尊とした長谷寺を創建し、残りの一体は海に流した。その十五年後の七三六年、横須賀の海上に光明があり、十一面観音が漂流していた。この観音を本尊として、鎌倉に創建されたのが、海光山慈照院長谷寺であるという。

むろん、この伝説をそのまま信用するわけにはいかないが、鎌倉三名鐘の一つである長谷寺鐘には、確かに「新長谷寺」と彫り込まれており、文永元（一二六四）年の銘があるので、少なくとも鎌倉時代中期には寺が存在したことだけは確かである。しかし、一二六六年に記された『吾妻鏡』には長谷寺についてまったく触れられていない。

もっとも鐘が造られた時の住職は真光《しんこう》、鐘の勧進をした僧が沙門浄仏《さいもんじょうぶつ》、鐘を鋳造した大工が物部《ものべ》季重《とししげ》とはっきり銘文にあり、この頃注目すべき政治的事件がなかったため、うっかり記事にしなかったのではないだろうか。

鎌倉の長谷寺の本尊は、右手に錫杖、左手に蓮華を持っている十一面観音で、これらの特徴は奈良の長谷寺の本尊と同じである。材質が楠の木であるのも一致している。

全体に彫法が生硬で形式化し、足利時代の特色を示す点も同じである。奈良の長谷寺の本尊は、一五三八年に興福寺の大乗院の仏師、良学《りょうがく》らが、わずか四カ月で刻んだものである。同木異体の話は、もしかするとこの頃にできたのかもしれない。

なお、鎌倉・長谷寺の方は日本一で高さ九・一八メートル、奈良・長谷寺の方は七・八八メートルと高さはかなり異なる。

放生池庭園

庭園は、山門を潜ってすぐ右にある。鶴と亀をかたどった放生池を中心とした庭である。放生池については、繰り返し触れてきた通り、不殺生の思想から魚や亀、鳥を放つ放生会の儀式に用いる池のことである。

池畔には、赤、白、紅のボタンが植えられ、また青竹の筧《かけい》から湧水が落ち、さらに左手

◉長谷寺　放生池庭園

の崖には石組で滝が造られ、涼しげな水音を庭に添えている。

池畔にはこのほか、カイウが植えられ、梅雨の頃に白い花を咲かせる。これは南アフリカ原産でサトイモの仲間である。江戸時代にオランダからもたらされたことからオランダカイウとも呼ばれる。

また、ハナショウブも植えられているが、長谷寺のハナショウブは三弁咲きで外花被が大きく薄手で縮緬《しゅくめん》状の伊勢系である。やはり梅雨の時期、紫と白の花を咲かせる。

筧の付近にはモミジが枝を伸ばし、またウメの植栽もある。春夏秋冬どの季節

◉長谷寺　弁天窟

◉長谷寺　卍池

にも見どころのある庭となっている。この庭は近年改修されたものであるが、石組を見ると、かなり古い鎌倉石が散見でき、原形は少なくとも江戸時代まではさかのぼれるだろう。枯山水の部分もあって、白砂が敷かれている。もう少し時代がたち、苔むしてくるとさらに趣き深い庭となるだろう。

滝の前にある磯渡りを進むと、藤棚があり、弁天窟前に出る。赤い鳥居が建ち、その左には石仏を配した石組が施されている。これも古い鎌倉山を用いたもので、なかなか趣き深い前栽である。弁天窟は修業のための岩窟で、天井が低く腰をかがめながら進んで行くと壁面に弁財天とその使者の弁財天十六童子が刻まれているのがわかる。

再び池のほとりを巡って、石段を上っていくと、中腹に地蔵堂があり、水子供養の小さな地蔵が無数に並んでいる。その右には、卍池と呼ばれる地蔵石仏を配した卍字型の池があり、献花が絶えない。さらに右の石段を上っていくと、鐘楼と阿弥陀堂、観音堂が伽藍をかたち造っている。

観音堂が本堂で、ここに例の十一面観音像が祀られている。坂東三十三カ所観音霊場の第四番、鎌倉三十三観音霊場の第四番であり、重要文化財に指定されている。

鐘楼は、前述の鐘のある場所で、鎌倉三大古鐘の一つとされる。その隣に阿弥陀堂があり、高さ二・八メートルの阿弥陀如来像が安置される。この堂々たる仏像は、源頼朝が四十二歳の厄除けを願って刻んだものといわれ、もとは長谷村の誓願寺《ちがんじ》に安置されていたが、一六八八年頃、長谷寺に移されたと伝えられている。鎌倉六阿弥陀の一つである。

このほか大黒堂が石段の途中にあり、本尊は一四一一年に作られた大黒天像であるが、現在は鎌倉宝物館にあり、代わりに出世開運授け大黒天が祀られている。

また、輪蔵とも呼ばれる回転式の書架である経蔵があるが、その脇にはよく手入れされた竹林があり、アジサイを背景に風情ある景色をつくり出している。

境内の見晴らし台である潮音亭からは、手前に長谷の町並み、遠くに由比ヶ浜、相模灘、三浦半島が一望できる。

◉長谷寺　鐘楼

◉長谷寺　観音堂

④ 浄智寺……禅宗伽藍の名残り

五山の四位

浄智寺は、北条時頼の子・宗政《むねまさ》と、その後継ぎで第十代執権師時《もろとき》によって、一二八三年に創建された円覚寺派の寺院である。

一二八一年、宗政がわずか二十九歳の若さで没すると、宗政夫人は、二人を開基、宋の僧、兀菴普寧《ごつだんふねい》を開山として寺を開いたという。

創建当時は、山門、惣門、書院、方丈、法堂、鐘楼、開山塔、僧堂が所狭しと立ち並ぶ大伽藍を誇り、鎌倉末期には、蔵雲《ぞううん》庵、正紹《せいしょう》庵、正源《せいげん》庵、龍淵山真際精舎《りゅうえんざんしんざいしょうじゃ》、正覚《しょうかく》庵、大圓《だいえん》庵、楞伽《りょうが》院、正院《しょういん》庵、福正《ふっしょう》庵、同証《どうしょう》庵、興福院の十一に及ぶ塔頭をもつ大寺院であった。僧侶の数は二百二十名に及んだという。

一二九九年、北条貞時は浄智寺を鎌倉の禅宗寺院五山の四位に列したが、これが日本における五山の初見である。

鎌倉幕府滅亡直後の一三三六年、あの夢窓疎石が住持となり、建長寺正統庵《せいとうあん》を円覚寺に移して円覚寺正統院とし、その跡地に浄智寺正統庵を移して建長寺正統庵とし、さらにその跡地に正源庵を新造したという。これは、禅宗寺院における何らかの政治的行為であろう。

疎石が、浄智寺に作庭を施したかどうかは明らかではない。しかし、疎石は各地を点々とし、行く先々の寺院に庭園を造っていることからみると、浄智寺での作庭の可能性は否定できない。

その後、室町時代になると、ほかの鎌倉の寺院と同様、浄智寺も衰退の一途をたどる。それでも、江戸時代には総門や仏殿、方丈や鐘楼とともに八院の塔頭があったという。

しかし、明治の廃仏毀釈と、関東大震災によって、寺は壊滅状態となってしまった。現在は、山門と楼門、曇華殿や方丈、客殿といった創建当初よりはるかに小さな伽藍になってしまった。

甘露池庭園

円覚寺、東慶寺を経て、鎌倉街道を南へ向かい、明月院前バス停から五十メートルほど入ると、やがて浄智寺の山門が見えてくる。

山門前に小さな石の反橋がある。この橋は現在は通行禁止となっている。橋は鎌倉石でできており、すり減って変形している。様式と材質からみて、創建当初の数少ない遺構の一つとみられる。

橋の下は小さな池になっており、鯉が放されている。この池が甘露池《かんろち》であり、浄智寺を代表する庭園でもある。

池に面して、鎌倉十井、鎌倉五名水の一つに数えられる「甘露《かんろ》ノ井」があり、周辺には石組が施されているのがわかる。この井戸は、衆生の飲料水としてふるまわれたという。甘露とは、蜜のように甘い水で、不老不死の霊薬ともいわれるものである。

『扶桑五山記』によれば、浄智寺の見どころである境致として、十一カ所の一つに、この甘露池が挙げられている。

鶴岡八幡宮の源平池と太鼓橋や、円覚寺の白鷺池と降摩橋と同じく、禅寺の聖域に足

◉浄智寺　反橋

◉浄智寺　甘露ノ井

◉浄智寺　甘露池庭園

◉浄智寺　総門

を踏み入れる際に身を清める浄化装置ということができるだろう。浄土式庭園や禅宗伽藍の様式の一つである。

境内の庭園

小さな総門を潜り、杉木立の中の参道の苔むしてすり減った鎌倉石の石段を上っていくと、やがて中国風の楼門が現れる。この山門は、夏目漱石の小説『門』の題材ともなった。

唐様の山門の二階には、慶安四（一六四九）年の銘のある梵鐘があり、珍しい鐘楼門となっている。

山門を潜ると、左手に柏槇があり、右

手に仏殿である「曇華殿《どんげでん》」がある。柏槇は樹齢約七百年の老木で、おそらく創建当初の頃からのものという。

建長寺の章で触れたが、禅宗伽藍の中に柏槇を左右対称、一列に植える様式があった。この浄智寺の柏槇は、その名残であろう。甘露池とともに、創建当時の禅宗伽藍を今に伝える貴重な造園遺産といってよいだろう。

◉浄智寺　鐘楼門

◉浄智寺の柏槇の大木

◉浄智寺　仏殿

一方、曇華殿には本尊の三世仏座像が安置されており、過去を表す阿弥陀如来像、現在を表す釈迦如来像、未来を表す弥勒菩薩像の三体である。

さらに進んで、仏殿の裏に回ると、仏殿と茅葺きの書院の回廊に囲まれた庭園がある。書院の前庭にあたり、梅や椿、ハクウンボクなどが調和よく植えられ、書院の茅葺き屋根と引き合って魅力的な景観をつくり出している。

苑路に添って境内を一回りすると、再び山門前に出る。三門の右手、本殿と書院を結ぶ回廊前には、もう一つの庭園がある。

◉浄智寺　裏庭

◉浄智寺　回廊前庭

庭園というよりも花園に近く、ウメの古木、ハクバイ、スイセン、ミツマタ、ヒュウガミズキなどが植え込まれており、春には色とりどりの花が咲き乱れる。

⑤

報国寺……竹の庭

報国寺は一三三四年、足利尊氏の祖父・家時《いえとき》の創建といわれ、仏乗禅師天岸慧広《てんがんえこう》を開山とする建長寺派の寺院である。ただし、家時が一三一七年に没したという記録もあり、『報国寺記』に上杉重兼《しげかね》が開基とする記述もあることから、重兼の創建とする説もある。足利義時の父、持氏《もちうじ》は一四三九年、永享《えいきょう》の戦で敗退し、叔父の満貞《みつさだ》とともに永安寺で、子の義久《よしひさ》は報国寺で自刃した。これによって、関東足利氏は滅亡。報国寺は関東足利氏終焉《しゅうえん》の地でもある。

境内のやぐらは、家時と義久の墓であるという。また、その他足利一族の墓といわれる百基近い五輪塔や宝篋印塔群が残されている。

鎌倉駅からバスに乗り、「浄明寺」で下車、滑川に架かる華の橋を渡り、緩やかな坂道を少し歩くと、やがて右手に報国寺の山門が現れる。山門右手には瑪瑙《めのう》の大原石がある。

要石として置かれたものだろう。山門を潜り、石敷きの緩い坂をさらに上っていくと、右側の高所に植えられたカエデ、アオギリ、ソテツなどの大木の緑が覆いかぶさってくる。左側は、参道に沿った庭園で、ツツジ、サザンカ、マツ、マキ、ウメなどが植えられ、古い灯籠が全体を引き締めている。

やがて右側に小さな池が現れ、竹筒から流れ落ちる湧水が、涼しげな水音を奏でており、庭園の好ましい音の要素となっている。さらに進み、足触りの良い鎌倉石の石段を上ると、本堂が現れる。

本堂前には石畳が敷かれ、その両側には砂利が敷き詰められている。周囲にはサクラやツツジ、ウメ、マキ、ツゲなどが植えられた庭園となっており、ここもまだ見どころが多い。

本堂の左には、茅葺きの鐘楼があり、ひなびたたたずまいである。この鐘楼の前には、前述の五輪塔群が広がる。

本堂には、釈迦如来像と聖観音菩薩像が安置されている。報国寺が鎌倉三十三観音第十番の霊場となっているゆえんである。

◉報国寺　山門前庭

◉報国寺　五輪塔群

◉報国寺　竹の庭

本堂右の低地に迦葉堂《かしょう》があるが、正面両側には山へと続く斜面があり、石組が施され、ツツジやツゲ、ウメ、カエデ、サルスベリなどが植えられた庭園となっている。背後の山を借景として取り込んでおり、宅間《たくま》ヶ谷と呼ばれる鎌倉特有の谷戸の地形を巧みに生かしている。

『鎌倉巡礼記』によれば、沢庵宗彭が「報国寺といふあり（中略）是より踏入て岩のめくりたるかけに仏殿方丈あり」と記しており、この岩が現在の石組に相当するのかもしれない。

ちなみに、宅間ヶ谷の名称はかつてこの地に住んだ仏師・宅間法眼から命名されたものである。明治時代まで報国寺に法眼作の迦葉像があったといい、報国寺も宅間寺と呼ばれたこともあったという。

一七九一年の「報国寺境内絵図」（報国寺蔵）によれば、法泉軒、東禅院、浄蓮庵、慈照院などの塔頭が記されており、この他休畊、万休といった塔頭があったといわれ、かつては塔頭七つを有する大寺院であったことがわかる。

竹の庭

前述の「報国寺境内絵図」を見ると本堂裏手に竹藪が描かれている。これが今日、報国寺を竹の寺として有名にしている竹の庭である。絵図にしっかり描かれていることからみて、当時から有名であったと考えられる。

拝観料を納めて門を潜ると、すぐに塔の築山のある前庭に出る。石とモミジという最小限の要素でアクセントと四季折々の変化をつけることに成功している。周囲には竹や北山台杉が植えられ、敷石も茶室の露地の延段風で趣きがある。

孟宗竹の竹林は、いつ訪ねても新鮮な魅力がある。晴れた日は、青々しい竹林の木もれ日を楽しめ、また雨の日の匂い立つような情感もまた格別である。

竹林の苑路の所々に五輪塔や石灯籠、石仏が配され、改めて竹林が俗世間とは切り離された禅の空間であることを知る。竹との対話、それは禅の心に通じるものがある。中国の竹林の七賢人は、竹林で清談にふけったというが、竹は心を清め研ぎ澄ましてくれるような気がする。竹林の最も奥まった所に茶席があり、ここで抹茶を一服いただくと、心が洗われるようである。

茶席のさらに奥は、報国寺の墓地がある。言い換えれば、竹林はこの世である寺と、あの世である墓地のはざまにあることになる。すなわち、この竹の庭はあの世とこの世をつなぐ冥道にたとえられているのではないだろうか。

⑥

旧一条恵観山荘……金森宗和好の庭

一条恵観

鎌倉市浄明寺の茶道宗徧流家元・山田家が所有する旧一条恵観《きゅういちじょうえかん》山荘は、もと京都西賀茂《かも》の醍醐《だいご》家別邸から、一九五九年に移建されたものである。移建に際し、茶室だけでなく庭石や蹲踞《つくばい》なども、そのままの形を残すよう努めて移されたという。

この山荘の名は、これを造った一条恵観の名にちなんで命名された。恵観は出家後の号で、はじめ昭良《あきよし》と名乗ったという。

一六〇五年、後陽成天皇の第九皇子として生まれた。幼名を「九ノ宮《くのみや》」といい、五歳の時、一条家の養子となり一条兼遐《かねはる》と名を変え、さらに一六三六年、昭良と改名した。

兄に修学院離宮を造った後水尾天皇や、大和田御殿を造った関白・近衛《このえ》信尋《のぶひろ》がおり、また伯父に桂離宮を造った八条宮智仁《ともひと》親王をもち、自らも庭造りに造詣が深かったとい

◉旧一条恵観山荘

う。

一条家は、九条道家の三子実経を初代とする。摂政・関白を数多く務めた名家であった。ところが十三代内基に後継ぎが生まれず、昭良が十四代を継いだわけである。昭良は摂政・関白をそれぞれ二度ずつ務めた。一六五一年に隠居して、翌一六五二年、京都西賀茂の山荘で頭を丸めて恵観と号したという。

山荘の造営

一条家の本邸は、京都御所に隣接する地にあったが、恵観は一六四一年頃から西賀茂の地に別荘造営を計画した。恵観

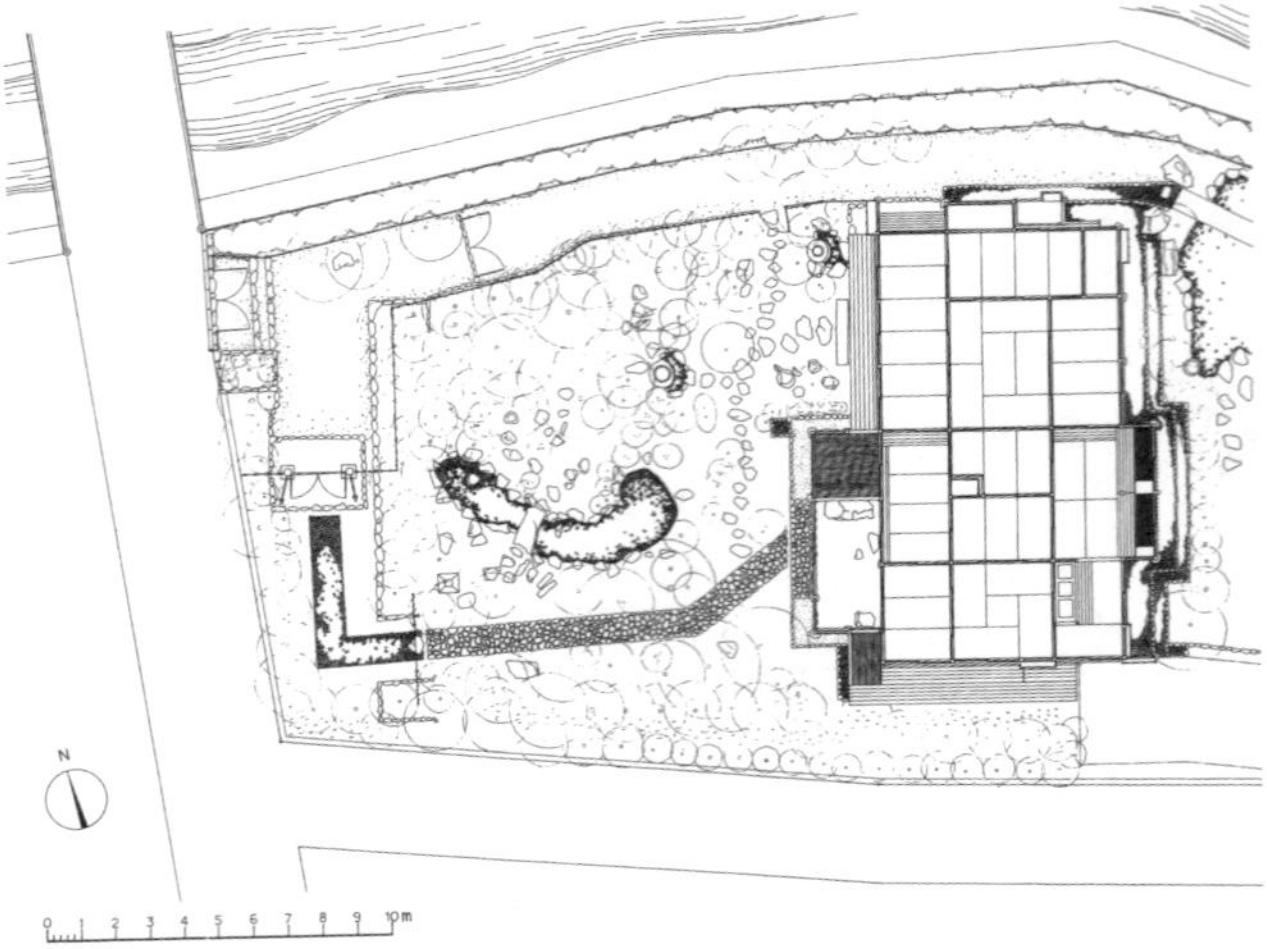

◉一条恵観移築前 庭園平面図

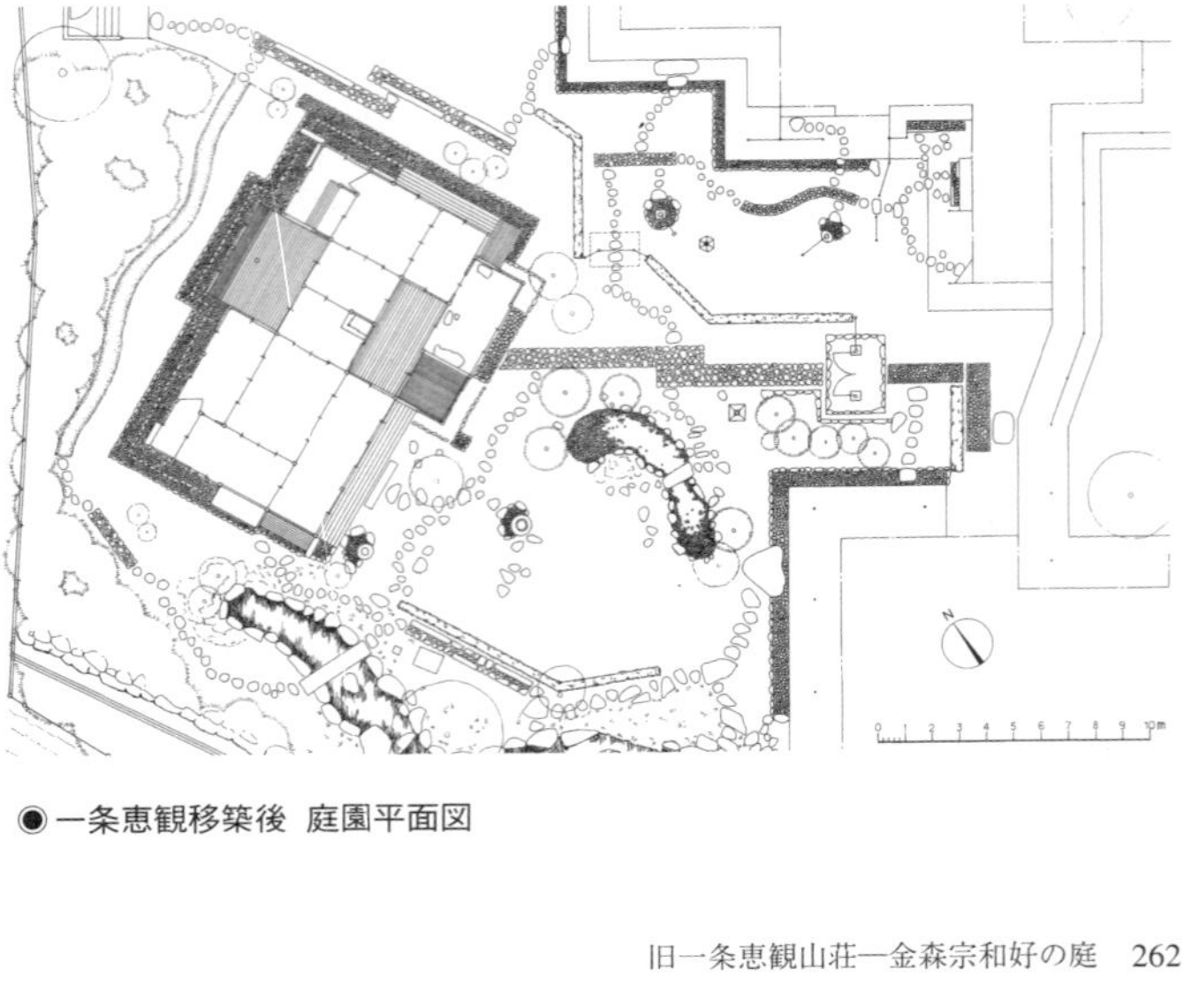

◉一条恵観移築後 庭園平面図

が亡くなると、その次男冬基《ふゆもと》が一六七八年醍醐家を興し、一条家から山荘が譲られ、今に伝わったという。

その創建年代については二説ある。まず金閣寺の僧・鳳林承章《ほうりんしょうしょう》が記した『隔蓂記《かくめいき》』の中に、一六四六年、鳳林和尚が恵観に招かれた茶会の様子が書き留められており、そこに現れる「御数寄屋」が山荘に相応し、一六四六年以前には存在していたとする説がある。

また、一七七〇年、醍醐家五代冬香《とうか》によって記された『温故録《おんころく》』の襖の「此をしふち（押縁）うちに慶安五年七月廿二日と書載たり、それは、このときに御茶やつくられしものならんか」という記述から一六五二年頃創建されたという説もある。どちらにしても、決定的証拠が発見されない限りは、確定は難しいといわざるを得ない。

なお、鳳林和尚は、一六五六年にも恵観の山荘に招かれている。この際「茶ノ湯」は「御構」で行われたという。この「御構」が山荘内のどの建物であったかは不明だが、「西賀茂御殿有増之図」や『温古録』所収の「女筆古来図」を見ると、御殿の平面図があり、十畳の「御居間」、十畳の「次の間」、六畳の「御数寄屋」があり、ここが用いられ

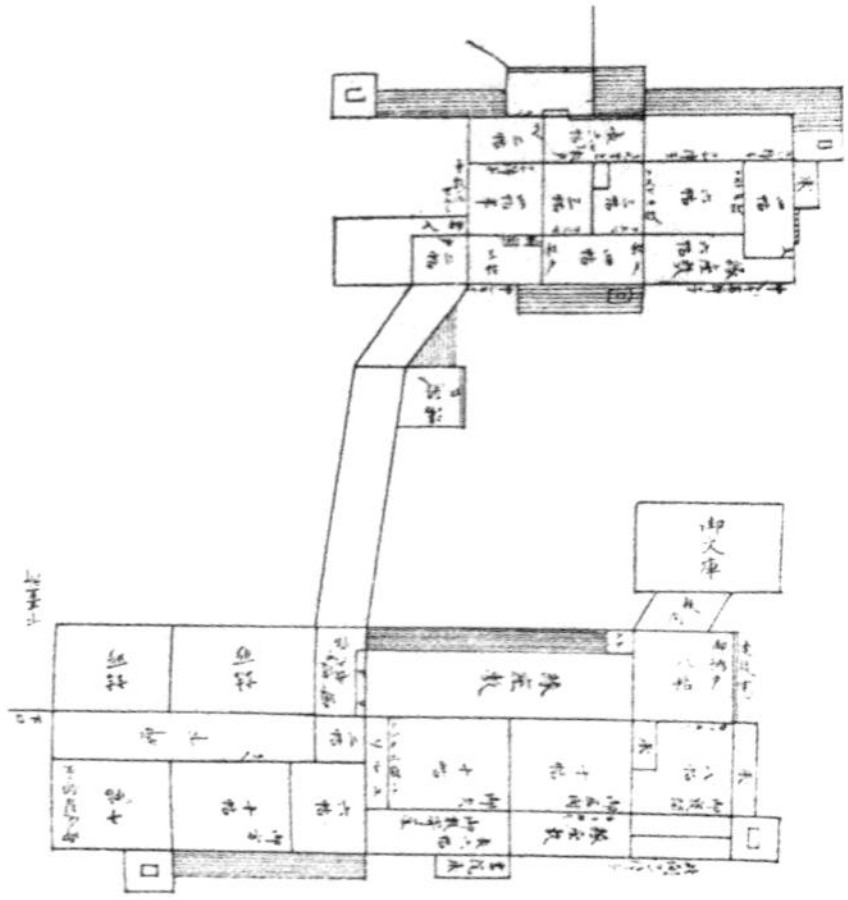

◉西賀茂御殿有増之図

たのであろう。

その後、「山上之御茶屋」へ移り、「冷麪《れいめん》」と「御酒」が出され、「遠目金」（望遠鏡）で景色を楽しんだという。

山荘自体の姿は、『温故録』所収の「西賀茂古図」や前掲の「西賀茂御殿有増之図」に描かれており、後者の描写から、前述の御殿とは渡り廊下で結ばれていたことがわかる。

金森宗和の好み

移建された山荘には、庭園に金森《かなもり》宗和《そうわ》の好みと伝えられる蹲踞がある。宗和は、一五八四年、飛騨高山城主・金森可重《よししげ》の

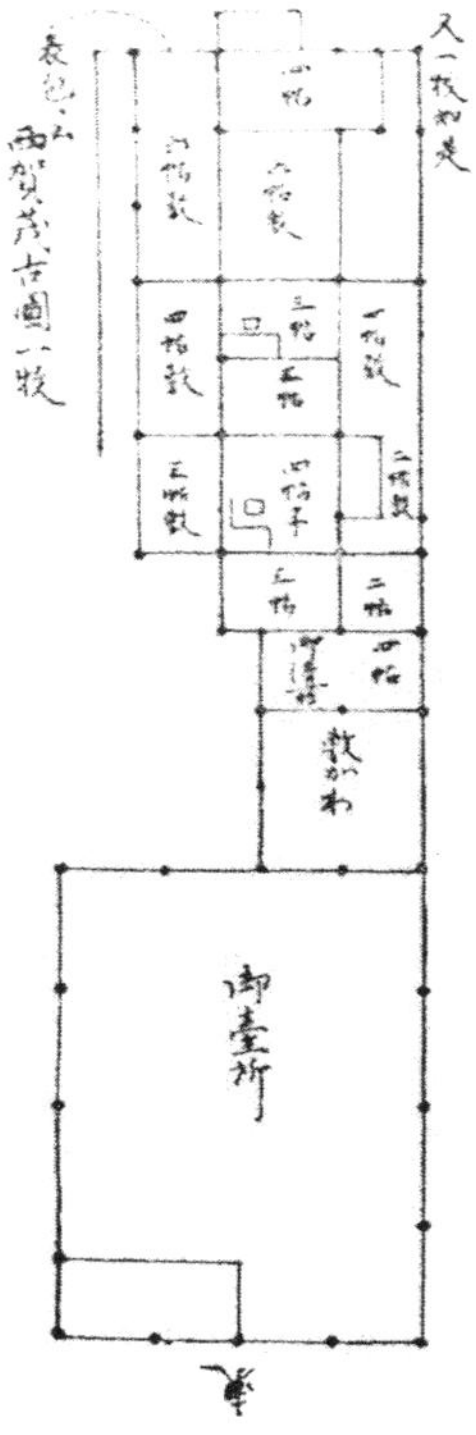

◉西賀茂古図

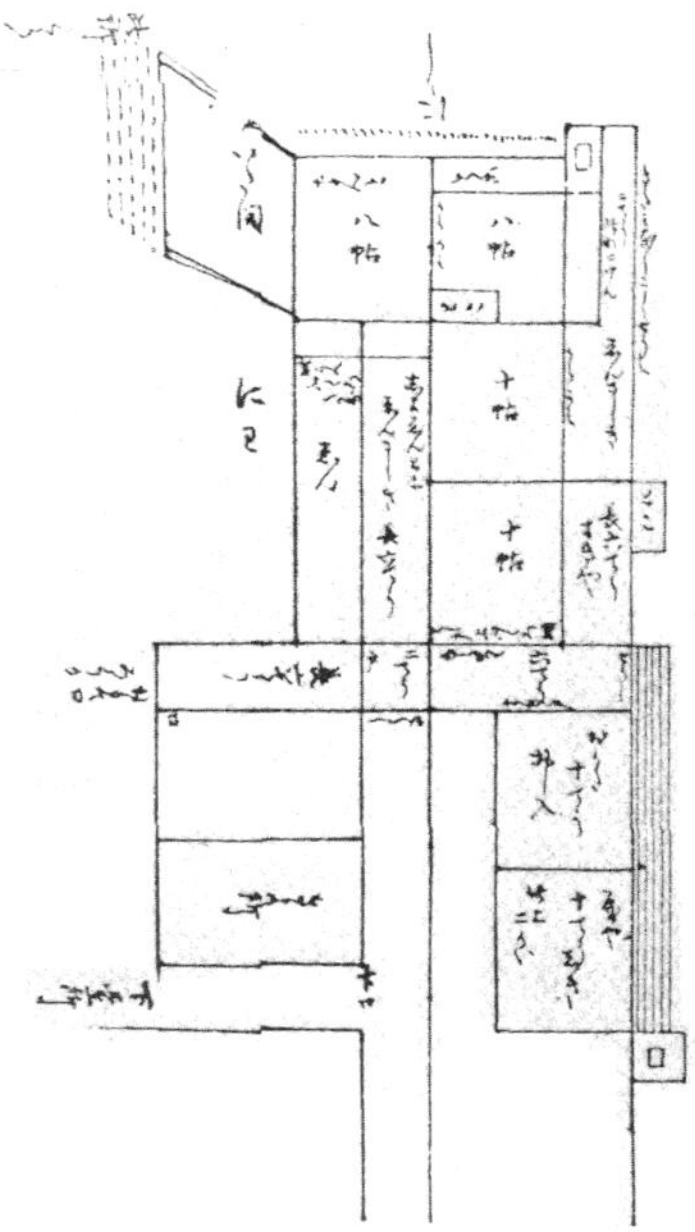

◉女筆古来図

長男として生まれ、重近《しげちか》と名乗っていた。しかし、一六一五年、弟の重頼《しげより》が家督を継ぐこととなり、長男でありながら『茶道筌蹄《せんてい》』によれば、早速大徳寺伝双紹印和尚について仏門に入り、宗和と称したという。宗和の父、可重や祖父・長近は、有力な武家茶人であり、茶人古田織部の門下であったといわれ、宗和も幼少から織部の茶に親しんでおり、出家後間もなく茶人として名を成した。

金森宗和の造った茶室の露地は、斬新な意匠を持ち込んだことで知られているが、その図が『松屋会記』一六四八年の条に載せられている。これによると、大石が窓の下に据えられているのがわかる。『茶譜』によると、

「古田織部流数奇屋、窓先簾掛ノ石、壁ト石トノ門一尺一寸バカリ、石ト石トノ間ハ見合、簾ノ掛ヨイホドニシテ又見物モヨキヤウニ居《すえ》テ吉シ。小キ石吉シ。或ハ又軒サキノ地、殊外庫所《ことのほかひくい》モ有リ、加様ノ節ハ大石ヲ捨石ノヤウニ面白ク置クコトモ有リ。則チ其ノ大石ヲ簾掛ニ用ユヤウニ取合ス可シ。基外ニ又簾掛ヲ居ルコト悪シ、右ノ大石ハ岩ナドニシテモ面白シ。飛石ト同妄《おないこと》ニ成ラザル石ヲ居ルコト専也」

とあり、つまり、織部流茶人は、「簾掛石」と呼ばれる窓の外に簾を掛けるための石を

据えたのである。織部流を継承した宗和もこれに従ったに相違ない。

しかし、『茶譜』を見ると、この大石は簾を掛けるという機能とともに、その視覚的効果をも重視していたようである。すなわち、「見物モヨキヤウニ」とか「大石ヲ捨石ノヤウニ面白ク置クコトモ有リ」あるいは「右ノ大石ハ岩ナドニシテモ面白シ」とか「飛石ト同妛ニ成ラザル石ヲ居ルコト専也」とあり、機能よりもより視覚的効果を大切にしていたものとみられる。

このことは、『茶譜』に記された数々の事例からもうかがえるもので、敷松葉について篠まじりの芝生をまいた上に、石を十も二十も置いたといい、また、手水鉢の周りにも鞠ほどの石を数多く配したといわれ、石を使った意匠を好んだことがわかる。

宗和作の可能性

以上のような特徴をもつ金森宗和であるが、一条恵観の茶道指南としての役割を果たしていた。宗和の名の出ている恵観の手紙が幾つも現存している。また、恵観が宗和を召して台子の茶会を催した際、柄杓《えしゃく》の柄を宗和が切り詰めたことが『槐記』に記されている。

このような極めて親しい関係にあったことからみて、恵観山荘の作庭に宗和が関与した可能性は否定できない。ただし、恵観自身も建物や庭を造ったことが兄の信尋あての手紙に書き残されており、宗和はアドバイスを与えただけであったかもしれない。少なくとも現在、山荘に現存する蹲踞は宗和好みといわれ、確かに宗和がしばしば用いた古物転用になるものである。

この蹲踞の左脇には、露地行灯を据える上端が平らな石を添えている。また右脇にも尖った石を配す。これらの石へのこだわりは、やはり宗和を思わせるものである。

庭園にはこの他、枯山水の石組を作り、石橋を架けているが、これらの石の扱い方も宗和好みといってよいだろう。この他、山荘内の棚と下地窓についても宗和が作ったと伝えられる宗和好みの意匠である。

第九章

庭園遺構

―幻の庭―

①
永福寺……怨霊封じの庭

平泉へのコンプレックス

鎌倉宮《ぐう》（大塔宮《だいとうのみや》）の背後、瑞泉寺へ向かう途中、左手にテニスコートがあり、永福寺《ようふくじ》旧跡の石碑が立っている。

永福寺は鎌倉幕府開府の年にあたる一一九二年、幕府を開いた源頼朝が創建した寺院である。鶴岡八幡宮寺、勝長寿院《しょうちょうじゅいん》とともに頼朝が鎌倉に建てた三大寺院の一つとして知られる。

一一八九年、奥州藤原氏を滅ぼした頼朝は、平泉の中尊寺の大長寿院を模して、鎌倉にも二階建ての本堂をもつ浄土式庭園を造ろうとしたのである。奥州での勝負はすぐについた。このことは戦う前よりわかっていたのに、なぜ頼朝自身が出陣したのか。おそらく噂に聞く平泉の栄華をその目で確かめたかったのかもしれない。

◉永福寺　趾石碑

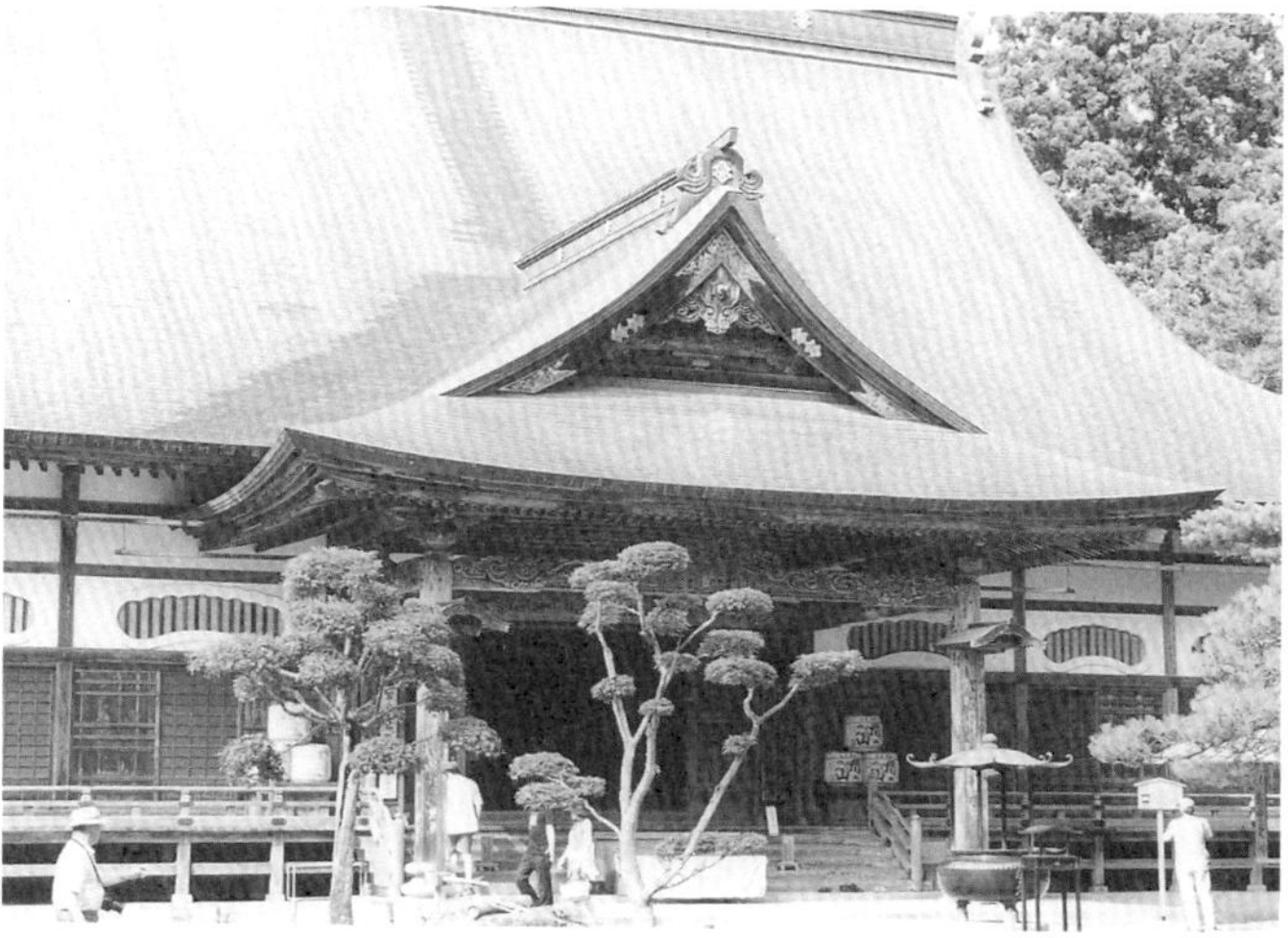

◉中尊寺

奥州文化のレベルは、頼朝の想像以上であった。中尊寺は堂宇四十余、金色堂は内外だけでなく床にまで金箔が施されていた。

また毛越寺も堂宇四十余、その中心となった円隆寺《えんりゅう》は宇治の平等院鳳凰堂《ほうおう》を模して造られたもので、六十メートル×百五十メートルという巨大な池をもつ庭園が前面に広がっていた。

戦に勝ったものの、頼朝は奥州藤原氏の文化の高さには大きなショックを受けたに違いない。父の菩提寺である勝長寿院を建立したばかりというのに、頼朝が永福寺を建立した背景には、こうした経緯があったのである。

勝長寿院の名称は、噂に聞く中尊寺大長寿院に勝るという意味が込められていたというのに、実際訪れてみると、勝長寿院の方がはるかに劣っていた。大長寿院はなんと二階建てであったのである。

永福寺建立の目的には、むろん全国統一を果たした頼朝の威勢を世に示そうとすることがあったと思われるが、何よりも「数万の怨霊」を鎮めることにあったといわれる。その中には、平泉で自刃した弟の義経も含まれていたに違いない。

◉中尊寺　金色寺内部

◉円隆寺　遺構

頼朝は奥州藤原氏を滅ぼした直後から、その罪の意識からか怨霊に悩まされるようになったという。平泉には数多くの浄土式庭園が造られ、阿弥陀如来の霊力によって魑魅魍魎が封じられていたものを、頼朝がすべて破壊したため、それらが一気に吹き出したと考えたのかもしれない。実際、鎌倉周辺では天変地異が相次いだ。

一方、藤原泰衡のみならず、実の弟、源義経まで殺してしまったことに、頼朝は罪を感じずにはいられなかったに違いない。そこで「数万の怨霊」を鎮めるために、阿弥陀如来像を納める阿弥陀堂を中心とした浄土式庭園の造営に着手したという。

それでは平泉鎮魂の寺はどこに建てるべきか。永福寺に接した二階堂大路は、天園方面に上り、その先は遥《はる》か奥州へと続いている。つまり、平泉と鎌倉をつなぐ主要道を通じて、鎌倉へ侵入する怨霊を封じるために、奥州へ向かう主要道の基点に鎮魂寺・永福寺を建立したとみてよいだろう。

しかも建物は、平泉の怨霊を封じるのに霊験を発揮した中尊寺の大長寿院を模して二階建てにしたという。永福寺のあった寺域を今日「二階堂」と呼ぶゆえんである。

造営過程

頼朝は、鎌倉に凱旋した一一八九年、すぐさま永福寺の造営に着手したが、その工事はなかなか先に進まなかった。翌一一九〇年には、奥州藤原氏の残党大河兼任《おおかわかねとう》ノ乱が起こり、また大火事が鎌倉を襲った。

一一九二年には、工事現場で頼朝暗殺をたくらむ平氏の残党が見つかっている。そうした状況の中で同年十月には二階堂の竣工をみている。

『吾妻鏡』によれば、二階堂の内部の壁画は、平泉毛越寺内の円隆寺を模写したものであったという。十一月には阿弥陀堂も完成をみている。

また、翌一一九三年には、怨霊封じに霊験あらたかな薬師如来を安置する薬師堂も完成したという。

庭園は、一一九二年八月に着工に入り、近国の御家人から人夫三人ずつ出させて、まず池を掘ったという。怨霊に悩む頼朝は完成を急ぐためか、二十四日、二十七日と自ら現場に立って指示を与えている。

二十七日には、阿波阿闍梨静空《あわあじゃりせいくう》の弟子僧の静玄《せいげん》を召して、庭石の配置について相談している。頼朝は九月十一日、静玄の指図で庭に石が置かれるのを視察したという。この時、家臣の畠山重忠《はたけやましげただ》が巨石を一人で運んで頼朝を感嘆させたともいわれる。石には汀の石をはじめ、奇岩怪石一つ一つに名前が付けられたという。これらの石の一部は現在もそのまま残されている。

十一月十三日には、頼朝が池の石組に満足できず、静玄を再び召してやり直させたという。この時も畠山重忠が岩を運んだといわれる。この修正工事も二十一日には完了し、頼朝の正室・北条政子が見物にきている。

興味深いのは、一一九四年に再び薬師堂を建立していることだろう。一一九三年に一度薬師堂が完成したにもかかわらず、また別にもう一つ建てたことになる。赤星直忠氏の復元図を見ると、確かに二つの薬師堂が描かれている。

これをどう解せばよいのだろうか。薬師如来は前述の通り、怨霊封じのご利益がある。ちょうどこの年、頼朝は数度ひどい歯痛に悩まされている。もしかしたら、歯痛も含め、頼朝の周囲で怨霊の仕様とわかる異変があったのかもしれない。

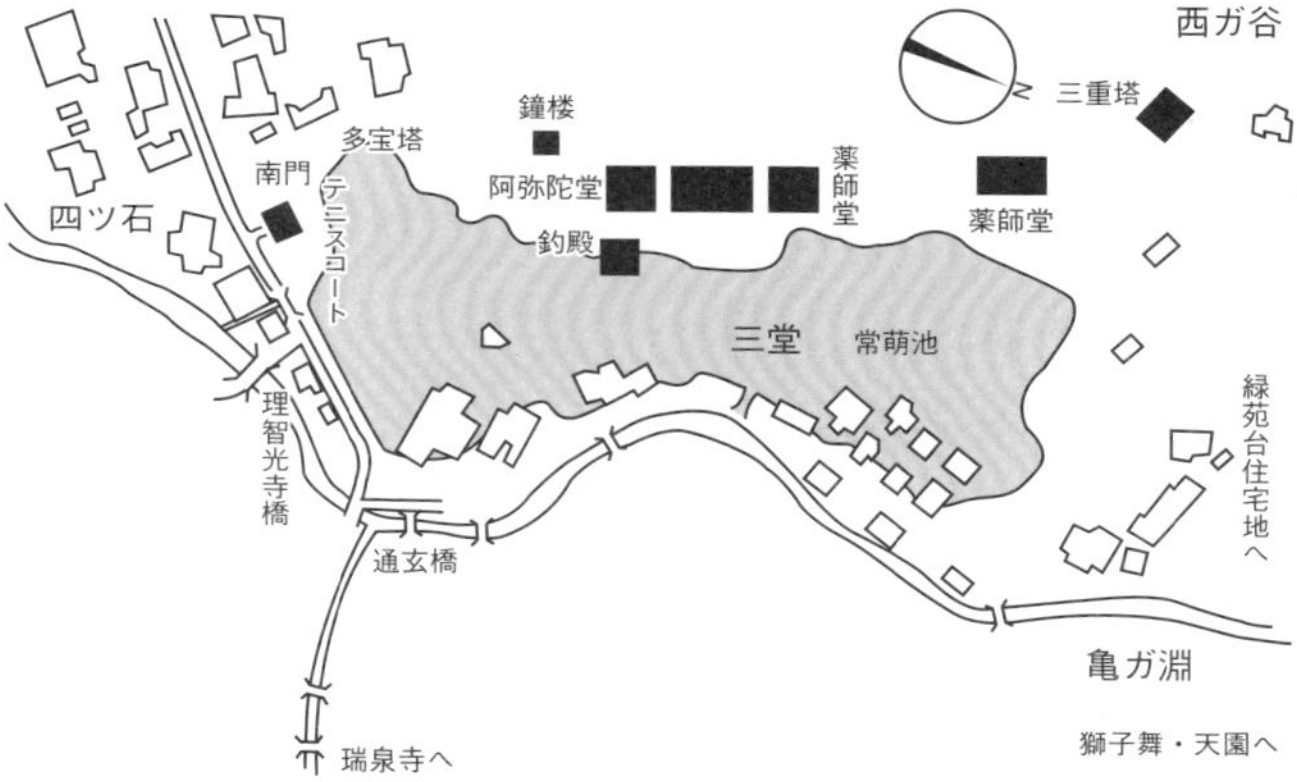

◉永福寺復元配置図（赤星直忠氏復元）

幻の庭園

永福寺は、その後十年もしないうちに、火災に遭っている。一二一一年、惣門と多宝塔が焼失した。その後もたびたび火災に見舞われている。

一二一九年には、浜辺から延焼してきた火災が、惣門まで迫ったという。またその翌一二二〇年には地震による火災で僧坊二、三宇が焼失。

一二三一年には、盗人の放火から大火となって、惣門の内門まで類焼。まるで迫り来る怨霊と戦っているかのような様相である。

一二四九年には、本堂やそのほかの全

面的修理を行ったにもかかわらず、その後も火災は頻発した。一二八〇年の大火では、永福寺も被害をこうむっている。

一三一〇年の安養院での失火は、前代未聞の大火となり、永福寺も大門、鐘楼、経蔵などが全焼している。その後、鎌倉幕府が一三三三年に滅亡すると、足利義詮《よしあきら》や足利直義《なおよし》、足利尊氏が次々と永福寺に陣を置き、破壊が進んだとみられる。

そして一四〇五年の『鎌倉大日記』の記述には「永福寺炎上」とあって、以後記録に表れなくなる。この年、ついに決定的な被害が及んだのであろう。以後、「幻の庭園」として永福寺は語り継がれていくことになる。

昭和初年には、永福寺跡には料理屋があったという。一九三一年、赤星直忠氏が発掘調査を行い、一九六三年には県指定の史跡名勝となる。

一九六六年には、国指定の史跡となり、一九七五年にはこの地で宅地造成があったため、学習院大学が発掘調査を行った。一九八一年には「史跡永福寺跡試掘調査団」が本格的な発掘に乗り出している。その後も発掘調査が繰り返され、今日に至るのである。

庭園の様相

現在、二階堂の地は、三堂、四ツ石、西ケ谷の三つの小字にわたる。これらはすべて、永福寺庭園にちなんだものという。

庭園のあった三堂の辺りは、南を除き、三方を山に囲まれており、前に観察した称名寺と同じく、龍脈や穴といったいわゆる風水によって遷地されたものとみられる。東南には「通玄橋」と呼ばれる橋が架かり、東西に通じる道がある。この道はかつての六浦街道である県道に通じており、当時は二階堂大路であるという。永福寺の地が、交通の要衝でもあったことがわかる。三堂には、東西約百メートル、南北約二百メートルの湿原があり、ここが池の跡である。東と南に川があり、北西の谷から水が湿原に流れ込み、一年中枯れることはない。

発掘の結果、池は南北に長く、中央が細くくびれた「8」の字の形をしていたことがわかった。その大きさは、無量光院にはやや及ばぬものの、観自在王院や称名寺、浄瑠璃寺《じょうるりじ》といった名だたる浄土式庭園の池をはるかにしのぎ、毛越寺に匹敵する規模であったことがわかる。

◉無量光院 庭園跡

これだけの広大な池であるにもかかわらず、発掘の結果、池の深さはわずか一メートルであったという。これは、赤星直忠氏によれば、「池深ければ怪魚住む」という信仰によるものであるといわれる。

『吾妻鏡』によれば「二階堂地。始被掘池。地形本自。水木相応所也。」とあって、もともと池があった場所を掘り広げたものとみられる。

この池に南面するように、二階堂、阿弥陀堂、廊、釣殿、惣門などの建物の礎石列が発掘によって確認された。中央に五間四方の二階堂があり、向かって右に

◉浄瑠璃寺　庭園

◉観自在王院　庭園跡

阿弥陀堂があり、廊でつながっていたとみられる。それぞれ周囲に縁側をもっていたといわれ、阿弥陀堂からは鍵型の翼廊が向かって右から伸び、中門および釣殿につながっていたとされる。

また、二階堂からこれらの配置と左右対称に薬師堂が廊で連結され、さらに薬師堂の向かって左側から鍵型の翼廊が伸び、釣殿につながっていたことが明らかとなった。左右の釣殿は、池に突き出されていたことになる。

全体として、平等院鳳凰堂の両脇から釣殿を池に突き出したような形であった。その方位は、磁北より十二度西へ振れている。

これらの一連の建物の北西に三重塔があったと思われ、また南東に鐘楼、南に南門があったと考えられる。また南門推定地から約百メートル西南の字四ツ石百二十番にはかつて、地名のもととなった四つの石が残されていたといわれ、これが惣門の礎石である。現在は行方不明となってしまっている。

池の水は、主に東側山裾の川から取り入れられたとみられ、取水口は、池の東北端と二階堂正面にあり、二階堂の取水口には滝口の石組が確認されている。また排水口は池の南端東寄りにあり、二階堂川へつながっている。

『作庭記』によれば、池水は東から西へ流れ、池の南西隅から排水されなければならないと記されるが、この方位は池が南面する場合のものであり、これを東面する永福寺に当てはめると、見事に一致する。

また『作庭記』によれば、遣水は東を北から南に流れて池に注げと諭しているが、永福寺では西北から東へ折れて流れる遣水跡があり、やはり南面の場合を東面にあてはめると、合致していることがわかる。

右廊前面の辺りの池端は境界が不明瞭であることから、水面の上下によって汀線が変化する洲浜であったとみられる。また、池の南には、東西約八メートル、南北約四メートルほどの中島が確認された。中島の岸辺には玉砂利が敷かれ、周囲には数多くの大石が置かれており、毛越寺の中島に酷似していることに注目したい。

浄土式庭園の場合、通常本堂の中心軸上に中島と橋が配される。しかし、永福寺では、二階堂の正面に中島はみられないという。ただし、凹凸があり、かつては中島があった可能性を残す。

◉毛越寺　庭園

その他、平等院では朝日山、無量光院では猫間ケ淵と東稲山が借景となっているが、永福寺では、右寄りの小山と、右寄りの護良親王の墓所のある小山が借景になっているという。

浄土式庭園は、西方浄土を再現したものといわれ、西方にその敷地が求められるのが一般的である。例えば、平等院庭園は京都から宇治川を挟んで西方に位置している。ところが、永福寺の場合、鎌倉の東に敷地がある。

源頼朝の邸宅に近かったからだともいわれるが、果たしてそれだけの理由で、東に遷地されたのだろうか。

興味深いのは、永福寺の二階堂の磁北より十二度西に伸びる軸線を延長すると、鶴岡八幡宮を通過することがわかる。もし、永福寺が鎌倉の西に位置し、池の東岸から西方浄土の方位を拝むと、その先には京都が重なり、鶴岡八幡宮に背を向けることになる。頼朝の脳裏には、常に鶴岡八幡宮があったために、永福寺の伽藍もこうした特殊な方位をもつことになったのではないだろうか。

つまり、鶴岡八幡宮の霊力と一体となって、怨霊を封じる意図がここにうかがえるのである。

頼朝の死と祟り

源頼朝は、鎌倉開府のわずか七年後の一一九九年一月十三日、この世を去った。『猪熊関白記』に「前右大将源頼朝卿、飲水ノ重病ニ依リ、去ル十一日出家ノ由…」とあり、十三日に没したと記されている。「飲水病」とは水を欲しがる糖尿病であるともいうが、もしそうならば数年にわたる長患いとなるはずだが、それをうかがわせる記録は一切みられない。

『明月記』には「頓死」とあり、長患いではなく急死したと述べられている。鎌倉側の公式記録とでもいうべき『吾妻鏡』によれば、前年の暮れ、相模川の橋供養の帰途、落馬してほどなく死に至ったという。

ところが『吾妻鏡』は、それに先立つ一一九六年から一一九九年一月までの条が欠けてしまっており、落馬の詳細については不明である。三月二日の記事には、頼朝の四十九日の法要が記録されているから、一月十三日に死んだことは確かである。

なぜ『吾妻鏡』の一部分が欠けてしまったのかというと、徳川家康がこの部分を捨てたからだという。家康にとって鎌倉幕府を開いた頼朝の半生を記した『吾妻鏡』は愛読書であった。

『紳書』によれば「この本の頼朝死去の所を、家康公は、名将の疵《きず》になるような事は後世に伝えないほうがいい、といってお捨てなされた」という。林羅山は「東鑑（『吾妻鏡』）五十有二巻。治承四年から文永三年まで計八十七年のことを書いたもので、この間、寿永二年、建久七、八、九年ほかが抜けている」として頼朝の卒去ほかの脱落を指摘している。

それでは、名将の疵になるという頼朝の落馬は一体どのようないきさつだったのだろうか。

『北条九代記』によれば、一一九八年十二月二十七日、頼朝は相模川にて行われる橋供養に出かけたという。この橋は、稲毛三郎というものが、一一九五年七月に亡くなった妻の冥福を祈って造ったものという。亡くなった妻は、実は頼朝の妻政子の妹というから、頼朝にとっては義理の妹にあたる。供養終了後、「八的原《やまとはら》」に差し掛かった所で、馬が急に興奮し、ただならぬ気配がし、頼朝の頭上に義経と伯父の源行家の亡霊が出現したという。亡霊らは、ただじっと頼朝の顔を見据えていた。頼朝はその亡霊らの姿を絶え難い恐怖と感じ、汗をかき身を縮めたという。何とか持ちこたえて先を急ぐと、今度は稲村ヶ崎の辺りで波間に十歳頃の童が現れ、じっと頼朝を見ている。これは幼くして壇ノ浦《だんのうら》で源氏軍に殺された安徳《あんとく》天皇の亡霊であった。頼朝は心の平穏を保ことができず、気を失って馬から落ちたというのだ。

それから、さまざまな加持祈祷《かじきとう》が試みられたが、頼朝は一向によくならない。一一九九年正月十一日には出家させ、十三日には亡くなったと記されている。

実は、これとほぼ同じ内容が『保暦間記《ほうりゃくかんき》』に記されている。ただし落馬したことは記されていない。同史料には「これを病死といふべからず。ひとえに平家その他、多くの人を失い、あるいは親族を滅ぼし、怨霊因果歴然の責めなり」と述べられ、怨霊に殺されたことを強調している。

現に、橋供養が行われた相模川（神奈川県茅ヶ崎市）は、頼朝の落馬から「馬入川」と最近まで呼ばれていたという。頼朝の死因は「飲水病」というが、落馬した際、溺れて大量に水を飲んだために死に至ったとみれば、急死もうなずけるのである。

頼朝が亡霊を見て落馬したという場所には、後に義経一族の鎮魂のために弁慶塚を造ったといわれ、鶴嶺八幡宮として現存している。

頼朝の墓は、現在鶴岡八幡宮の境内に白旗神社として現存する。これは源頼朝の館のあった大倉御所の北隅で、持仏堂が建っていた場所である。頼朝の死後は法華堂と呼ばれ、観音像を安置されていたという。毎年頼朝の命日には、将軍が参拝したといわれる。明治以降、白旗神社と改められたという。

ところが奇妙なのは、神奈川県にもう一つ白旗神社が建つことである。しかも祭神が地霊・寒川比古命《さむかわひこのみこと》と、もうひとりが源義経なのだ。

社伝によれば、義経の自刃後、胴体は平泉に葬られ、首は腰越の浦で首実検のあと、河原に捨てられたが、やがて現在の地に流れ着き、ここに葬られたという。

頼朝の墓所、法華堂が明治になって同名の白旗神社となったのは、義経の霊がいまだ崇《たた》っていたからかもしれない。というのも、義経の首を祀る白旗神社では、いまだに崇り続ける義経の鎮魂のために、一九九九年、離れてしまった首と胴を合わせて供養したという。無念のまま死んでいった義経の怨霊は、現代になっても崇り続けたのである。

②

無量寺跡庭園遺構……端泉寺のルーツ

無量寺は無量寿院か

鎌倉駅から北西五百五十メートル、扇ヶ谷にある佐助醸造の手前の崖下の旧岩崎邸跡地から二〇〇三年、出土したのが無量寺《むりょうじ》庭園遺構である。遺跡が発掘された谷戸は、「無量寺谷」と呼ばれており、無量寺があったという伝承が今に残る。

江戸時代には、相州伝正宗の血を引く刀工・綱廣の邸宅があったといい、「綱廣谷」とも呼ばれ、「正宗井戸」と称するものもあって、遺構の北山腹には「正宗相槌稲荷」が近代まで祀られていたという。

また、明治・大正期には、東京・横浜在住の政治家や実業家、作家、学者、貴族などが次々と鎌倉に別荘を建てたが、この地も大正年間に三菱財閥第四代当主・岩崎小弥太《こやた》が、母早苗《さなえ》の療養のために、大きな別荘を建てたという。

◉無量寺 庭園遺構

しかし、こうした別荘も第二次世界大戦後、ほとんどが姿を消してしまった。

『新編鎌倉志』によれば「無量寺谷は興禅寺の西の方の谷なり、昔、ここに無量寺という寺あり、泉涌寺の末寺なりしという、今は亡い」といって、『吾妻鏡』の一二六五年に無量寿院で安達義景の一三回忌が行われたことに触れている。つまり『新編鎌倉志』は、この無量寿院を無量寺と同一視しているわけである。

『金沢文庫古文書』をみると、四つの書状に「無量寿院」の記述があり、また「無量寿寺」の記述のある書状が一つある。また『吾妻鏡』には「無量寺賢信」

の記載があり、『鎌倉大草紙』には「無量寺口をば上杉蔵人大夫憲長」の記述がある。これらはすべて同じ寺を指しているとは限らず、無量寺イコール無量寿院あるいは無量寿寺とは必ずしもいえないのである。

無量寿院の名の初見は、一二四三年の『血脈類集記第十二』の記録で、「宏教が北条頼経の推挙によって律師に任じ甘縄の無量寿院に住す、年六十。」というものである。この記載から同寺院は少なくとも一二四三年には創建されていたことになる。また、頼経《よりつね》が開基、宏教《こうきょう》が開山と推測することも可能であろう。

しかし、『保暦間記』や『遍知院法印灌頂資記』によれば、無量寿院は一二八五年、霜月騒動により焼失しており、翌一二八六年、その跡地に万寿寺が建てられて今に至っている。

つまり、無量寺イコール無量寿院とはいえないのである。何より前述の『血脈類記第十一』には「甘縄の無量寿院」と記されており、甘縄の地域と無量寺遺構の地はかなり離れており、一致しないことが明らかである。

鎌倉の史跡のバイブルというべき『鎌倉廃寺事典』すら、前述の『新編鎌倉志』の記述から無量寺イコール無量寿院説を採っているが、これはやはり一考を要すると思われる。

端泉寺庭図のルーツ？

発掘調査の結果、三・五×七メートルの池跡があり、底には玉砂利が敷かれていたことがわかった。また池と遣水は、崖下の泥岩や砂利の岩盤を削って造られており、中島があり、岩盤をそのまま掘り残して造られている。

この場所は、谷戸のどん詰まりで、周囲は岩盤がぐるりと切り立ったような所である。その崖にはやぐらが掘られ、それを背景にして池庭を鑑賞するしくみになっていたとみられる。

さらに池に面して縁のついた十・八×五・四メートルの六間×三間の建物の礎石も発見され、安山岩の礎石上面が黄色化していることから、火災で焼失したことがわかる。

遣水跡は幅〇・五メートルほどのものが、六・五メートルにわたって発見された。実際は崖面から続いていたものとみられる。やはり池同様、玉石が敷き詰められていた。これが取水口となるのだが、この他排水口も発見されている。

一方、植えられていた植物についても、出土した花粉などからある程度の推定が行われた。まずスギが最も多く、次にマツやコナラが植えられていたとみられる。池周辺には、漆やツバキが植えられていたとみられ、遣水周辺の植栽は少なかったとみられる。

この遺跡最大の特徴は、山裾の岩盤を削って庭園を造った点である。岩盤を削って造られた庭園を探すならば、あの夢窓疎石の造った瑞泉寺をおいて他にはあるまい。

無量寺跡の池の埋土の中から十四世紀第2四半期頃のからわけが大量に出土したことから、無量寺庭園の造営年代は一二九三年の大震災以降と推測されるという。鎌倉幕府滅亡の一三三三年頃、建物の火災により土で埋められたといわれる。

無量寺が十三世紀後期の創建であるとするならば、瑞泉寺よりも数十年古いことになり、こちらがオリジナルということになる。そこで疎石がこの庭を参考にして瑞泉寺庭園を造ったという推論まで立てられている。真偽はともかく、無量寺庭園跡が貴重な遺構であることは確かだろう。

③

仏法寺庭園遺構……雨乞い対決の池

忍性と日蓮が雨乞い対決した請雨池

仏法寺《ぶっぽうじ》は、極楽寺の末寺にあたる。極楽寺は最初、藤沢市の深沢にあった念仏系の寺で、一二五九年、北条義時《よしとき》の三男重時《しげとき》が鎌倉に移し、良観房忍性《りょうかんぼうにんじょう》を開山として開いた真言律宗の名刹である。

当初は東西約九百メートル、南北約八百メートルの寺域に金堂、講堂、塔などの七堂伽藍と四十九の子院をもつ大規模な寺院であった。「極楽寺境内絵図」（極楽寺蔵）を見ると、その広大さをうかがうことができる。

しかし、一二七五年と一四二五年の大火や、一四三三年の大地震で衰退し、一六五六年に恵性《えしょう》が中興するものの、現在は山門と本堂、大師堂、客殿のみのささやかな規模に縮小されている。

◉極楽寺　山門

◉極楽寺　露地庭園

創建当初の様相は、これを一つの寺院と考えるよりもむしろ、さまざまな個別の機能をもった支院が七堂伽藍を取り囲む、一種の町と考える方がふさわしい。教育施設から医療福祉施設、土木建設集団など、人々の救済のためのありとあらゆる機能が備えられていた。例えば、忍性は律宗の教学を広めるための教育施設である勧学院《かんがくいん》を設けた。また、二十二個所に、施薬院《せやくいん》、悲田院《ひだいん》、施益院《せえきいん》、癩院《らいいん》、馬病舎《ばびょうしゃ》などの施設を建てて、病人や貧者の救済に努めた。

さらに百八十九の橋を架け、極楽寺坂の切り通しをはじめ、七十一の道路を修築、新造したという。このように、生涯を衆生救済に捧げた忍性は没後、後醍醐天皇より菩薩号を賜わっている。

現在、極楽寺には寺が設置した医療施設で薬を作るのに使った千服茶臼と製薬鉢が残されている。

一方、極楽寺には、鎌倉の西の守護といった性格もあった。ちょうど忍性の時代、蒙古襲来におびやかされていた頃である。蒙古に備えて、鎌倉への入り口である西を押さえるといった目的を寺はもっていたと思われる。

現に二度目の蒙古襲来の際、忍性は仏法寺で祈祷によって蒙古を調伏するという修法を行っている。その時、忍性の師匠の叡尊《えいそん》は、京都の石清水《いわしみず》八幡宮で護摩をたき、それと同時に忍性は仏法寺で護摩をたいたのである。

仏法寺で祈祷が行われたのはそれだけではない。仏法寺の請雨《こうう》池で、忍性と日蓮《にちれん》が雨乞い対決を行ったといわれる。

◉「極楽寺境内絵図」（極楽寺蔵）

忍性が蒙古対策や事善事業など、幕府に強く結びついていたことに日蓮は反発し、両者は犬猿の仲であったといわれる。忍性と日蓮の対立の象徴が、仏法寺での雨乞い合戦だったと思われる。

実際、忍性の伝記には、諸国干ばつで雨乞いの祈祷をしたら成功したという記述があり、雨乞いはたびたび行われていたようである。当時、民衆が密教僧に期待したのは、雨乞いなどの現世利益だったのである。そして、数多くの極楽寺の諸施設の中で、加持祈祷専用の施設だったのが、仏法寺の請雨池であったのである。

「極楽寺境内絵図」を見ると、その左下端に「仏法寺」と書かれ、請雨池とおぼしき描写が確認できる。二〇〇二年、鎌倉市教育委員会は、仏法寺跡を発掘、その結果、請雨池の池底約一メートルの地層から、祈祷に用いた法華経を記した柿経《こけら》約千枚が発見された。

柿経は、幅一・三センチ、長さ二十一・五センチ、厚さ〇・五ミリのヒノキの木片に、墨で一行ずつ書かれており、数枚を手で束ねて、扇状に開いて用いたと考えられる。柿経の発見によって、請雨池で忍性らが雨乞いなどの祈祷を行ったことがほぼ事実であったことが証明されたわけである。

発掘結果による庭園の様相

仏法寺跡は、極楽寺切り通しの南側、霊山山《りょうぜんざん》坂ノ下地区の海岸に面した中腹にある。標高約六十メートル、東西三十メートル、南北七十メートルの平地であり、眼下に鎌倉の海と由比ヶ浜、和賀江嶋や三浦半島が一望できる絶景の地である。

発掘された平地は、ほぼ全面が岩盤を平らに削り出して造られ、その山側に柱門一丈

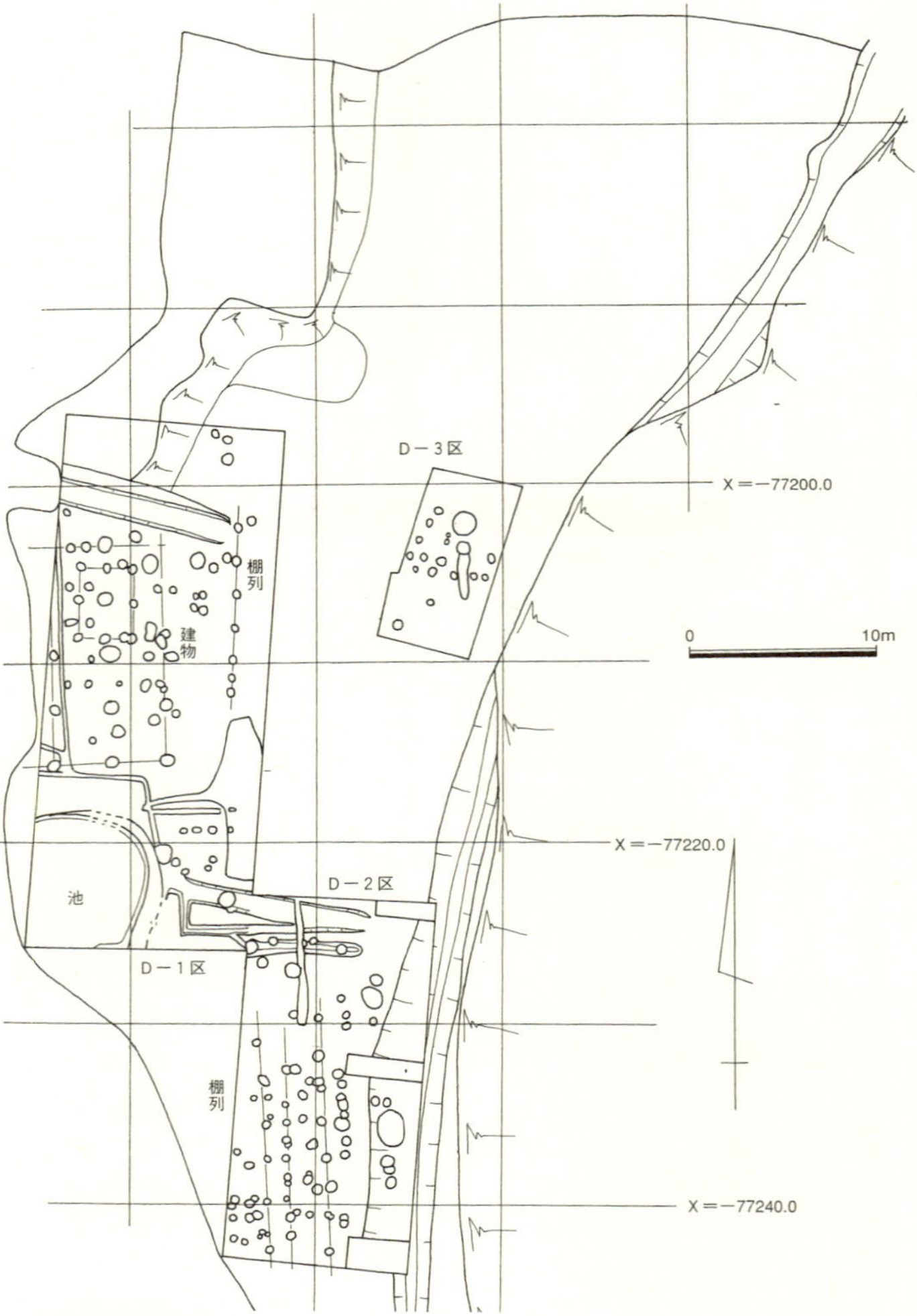

◉仏法寺跡発掘平面図

◉仏法寺 遺構

（約三メートル）で南北四間、東西二間以上、直径約五十五センチの円盤状の安山岩の礎石をもつ建物跡が発見された。この建物は通常の住宅より規模が大きく、仏堂跡とみられる。また、年代は下がるが二間四方の柱穴二メートルの建物跡も発見されている。礎石跡からは、火葬骨を納めた常滑甕が出土した。

仏堂の南側には、岩盤を約二メートル掘り下げた、東西約六メートル、南北約八メートルのハート形の池跡が出土した。この配置と形状は、「極楽寺境内絵図」に描かれた池とほぼ一致する。

池底からは、箱根から採取されたとみ

られる溶岩が含まれた礫岩《れきがん》を、約五十センチ大に加工したものが多数出土した。同様の礫岩は、永福寺でも発見されており、庭石であると考えられる。

池の周囲を中心に幅約三十センチの溝が複数検出され、岩盤に水が浸透しないため、雨仕舞のために池に流れ込むしくみと思われる。また、池から幅百二十~百八十センチ、深さ二十センチの東へ延びる水路が発見され、『作庭記』にもある通り、東から池へ流れ込む遺水であるとみられる。

さらに池中に向かって約一メートルまでは徐々に深くなっており、水の増減で景色を変える洲浜が形成されていたと考えられる。一メートルを越えると、突如、垂直に岩盤が掘り込まれているのが興味深い。

池の中からは、前述の通り、大量の柿経が出土し、また五輪塔火輪や大量の火葬骨、茶臼などが出土したという。その他出土したからわけなどから、この遺構が十三世紀後半に造られ、十六世紀頃まで存続したと推定される。

一方、建物の崖に面した辺りから、柵や堀とみられる柱列が何条か発見された。仏法寺の遷地は、称名寺や永福寺と同様、風水の龍脈と穴による地形として谷の一つが選ばれたものとみられ、三方を山に囲まれている。そして、唯一開けた崖にも堀を築いて防御性を高めていることになる。

一三三三年の鎌倉滅亡の際、仏法寺のある霊山山が戦場となったことが軍忠状などによって知れるが、仏法寺はいざともなれば砦にもなるように造られていたのかもしれない。

仏法寺跡の海側斜面は、一九二三年の関大震災で大規模に崩落しており、実際はさらに規模が大きかったともいわれる。また、池の南側では、調査区の西壁際で直径三十センチの伊豆石の礎石が一個発見されており、池の南側にも山裾に沿って建物が建てられていたとみられ、仏法寺の規模はさらに大きなものであったと考えるべきである。

なお、池の堆積物からの花粉などの分析から、クロマツ、エノキ、ムクノキ、ヤナギ、サクラ、アカガシ、シイ、ヤマモモ、コナラ、クマシデ、アサザなどの樹木が植えられていたことがわかるという。また草木類では、ヨモギ、アカザ、ヒユ、アブラナ、ユキノシタ、バラ、オオバコが認められ、本木類ではブドウ、スイカズラなどが生育していたとみられる。

第十章

近代の庭園

―西洋式庭園―

①

鎌倉文学館（旧前田侯爵鎌倉別邸）……イタリア式庭園

佐藤栄作元首相も住んだ館

「青葉に包まれた迂路を登りつくしたところに、別荘の大きな石組みの門があらわれる。（中略）南面するテラスからは正面に大島がはるかに見え、噴火の火は夜空の遠い篝になった。（中略）夏の日のこの風光の壮麗は、比べるものとてなかった。谷が扇なりにひらけているので、右方の稲村ガ崎、左方の飯島は、あたかも庭の東西の山の尾根からじかにつづいているように眺められ（後略）」

これは、文豪・三島由紀夫の『春の雪』の一節である。ここに描写されている庭園建築こそが、旧前田侯爵《こうしゃく》鎌倉別邸、現在の鎌倉文学館である。

三島由紀夫が『春の雪』を執筆した頃、この別荘は故佐藤栄作元首相が借りて休養に用いられていた。三島由紀夫の母・倭文重《しずえ》と佐藤元首相の妻、寛子が親友であったこと

◉鎌倉文学館（旧前田侯爵鎌倉別邸）

から、三島はこの地を訪ねた。よほど印象的だったのだろう、彼はその体験を自らの小説の一場面に用いたのである。

その文章は、この庭園建築の美しいロケーションを語り尽くして余りある。館の背後に緑豊かな山を背負い、全面に由比が浜の海を借景とした階段状のイタリア式庭園が日差しをいっぱいに受け止めている。

前田侯爵の前身は、あの加賀百万石で知られる前田藩主である。一八九〇年、第十五代当主前田利嗣氏が、この地に和風建築の館を建てたことが現在に至る発端となる。

一九一〇年、館は類焼により全焼、建築家渡辺栄治の設計、竹中工務店の施工により、今日の洋館が再建された。さらに十六代当主利為氏、十七代利建氏によって全面改築が行われ、一九三六年、現在の姿に完成されたという。

第二次世界大戦後、デンマーク公使が別荘として借用していたが、一九六四年からは佐藤元首相が亡くなるまで、週末の静養地として愛用した。三階のバルコニーの窓を大きく開け放っては、大声で演説の練習をしていたといい、ノーベル平和賞の受賞の知らせも、この館で受け取ったといわれる。

北条政子ゆかりのバラ園

館は、庭園側から見ると二階建てのようだが、これは庭が階段状に館へ向かって高くなっているためで、裏のアプローチ側から見ると三階建てである。一階は関東大震災の教訓を取り入れて、地震に強い鉄筋コンクリート造、二、三階が木造というハーフティンバー様式としている。

玄関の扉はオリエント様式、客間の飾り窓はアールデコ様式、バルコニーの装飾はスパニッシュ様式、切妻屋根や深い軒の出は和風とさまざまな様式が組み合わされた折衷様式となっている。こうした数多くの様式を用いながらもバランスを保ちながら統一感をもっている点がこの建物の魅力である。

床面積は約千平方メートルといい、県内ではほかに類をみない洋館であり、二〇〇〇年、登録有形文化財に登録された。

庭園は、鎌倉特有の地形である谷戸の一つの全域を占め、その景観をそのまま伝える。背後と左右の三方を山に囲まれ、自然に前方の海へと視界が向く。

海に向かって階段状に芝生の庭園が形成されており、これは、十六、十七世紀のイタリアで大流行したイタリア式ルネサンス、バロック庭園の形式である。中央には建物と平行して十種類の灌木を寄せ植えした大刈り込みがあるが、こうした植栽を幾何学的に刈り込むというテクテックもイタリア、ルネサンス期に考案されたものである。

庭園前方には、由比ヶ浜の海が広がり、空気の澄んだ日には、かなたに伊豆大島を望むことができ、借景として庭園を引き立てている。

この庭園の地には、かつて北条政子が、夫・源頼朝の菩提を弔うために建立した長楽寺が建てられていたとみられ、芝生の庭園を詳細に観察してみると、ところどころに当時の石組や地形の凹凸が認められる。

現在は、まるで北条政子をしのぶかのように、庭園前方にバラ園が造られており、百十種、百五十株の色取り取りのバラが育てられている。

なお、一九八三年、十七代当主前田利建氏により、別荘は鎌倉市に寄贈され、建物の外観を残しながら補修と増改築を施し、新たに収蔵庫棟を建てて、現在は鎌倉文学館として一般に公開されている。

◉鎌倉文学館 庭園

◉長楽寺庭園跡と思われる石組

②

旧華頂宮邸……フランス式庭園

候爵家の館

鎌倉市浄明寺の竹寺で知られる報国寺の脇を通り、宅間ヶ谷と呼ばれる緑濃い谷戸を歩くと、やがて特徴的な銅板葺きの切妻屋根が見えてくる。この建物が旧華頂宮邸《きゅうかちょうのみやてい》である。

華頂宮家は、伏見宮邦家《ふしみのみやくにいえ》親王の第十二男子、博經《ひろつね》親王を始祖とする。博經親王は一八五二年、京都知恩院門跡となり、一八六〇年に出家したが、一八六八年勅命により復飾して、新たに華頂宮を名乗ることとなった。ちなみに、華頂宮の名は、知恩院の山号「華頂山」から命名されたという。

博經親王が亡くなると、長男博厚《ひろあつ》親王が相続したが一八八三年、わずか八歳で亡くなり、三代目は伏見宮家から博恭《ひろやす》親王が継ぐことになった。

◉旧華頂宮邸

しかし、博恭親王は一九〇四年、伏見宮に復帰することになり、その次男博忠《ひろただ》王が四代目を継いだという。一九二四年、博忠王が亡くなると、その二年後、三男博信《ひろのぶ》王が臣籍に下り華頂宮の姓を賜り、侯爵を授けられ、当宮の祭祀を継いだ。

旧華頂宮邸は華頂博信・華子夫妻の長谷寺境内の旧宅が一九二三年の関東大震災の被害で倒壊したため、宮内省がこの地を選び、一九二九年に新築したものである。華頂夫妻がここに住んだのは数年のみで、その後所有者が度々代わり、一九九六年鎌倉市の所有となって一般に公開されている。

神奈川県の戦前の洋館としては、鎌倉文学館に次いで建築面積三百三十平方メートル、延床面積五百四十五平方メートルという規模を誇る。外観は、イギリスやフランスでよく用いられた下階が石造りかレンガ造り、上階が木造のハーフティンバー様式をもつ。

北側玄関側ファサードは凹凸や壁面模様が施されたピクチャレクの手法が見られる。一階はほとんどの部屋にスチーム暖房用の大理石造りのマントルピースが設置されている。また二階には、洋館であっても和室が二室設けられた和洋折衷となっている。全体として内部は、一八九〇年頃米国で成功した英国人がイギリスの荘園別荘をイメージして建てたテューダースタイルにまとめられている。

建物は一見二階建てに見えるが、屋根裏部屋をもつ三階建てとなっている。その端正な雰囲気のためか、雑誌の撮影や映画、テレビドラマの舞台として繰り返し用いられてきた。

NHKの朝の連続テレビ小説「ロマンス」、夏目漱石の名作を映画化した「それから」、さらに「はいからさんが通る」といった映画の舞台となった。

フランス式庭園

洋館の南側は、平地に左右対称かつ幾何学的に花壇と芝生を配したフランス式庭園となっている。フランス式庭園とは、十五世紀ルネサンスの時代にイタリアで始まった整形式庭園がフランスへ波及したもので、十六世紀バロックの時代に最盛期を迎えた様式である。

イタリア式庭園が、島国であるイタリアの斜面を利用して階段状に造られるのに対し、フランス式庭園は、大陸であるフランスの見渡すような平地を利用して、幾何学的なグラフィックパターンを大地に描くように造るのを特徴とする。ベルサイユ宮殿やヴォールビコントが代表作といわれる。

旧華頂宮邸のフランス式庭園も切石で庭を直線的に分割し、左右対称に花壇を設け、赤、白のバラの植栽が施されている。洋館の二階および三階から眺め下ろすと、この庭の魅力が最大限に発揮されるよう意図しているようだ。

洋館のスケールと約三千平方メートルの庭園のスケールがちょうど良いバランスであり、かつ一階室内の軸線が庭園に延長されており、三階からの見下ろす視点と相まって、建物と庭が一体となった庭園建築といってよい。

◉旧華頂宮邸 バルコニー

◉旧華頂宮邸 庭園

◉ ヴォルケーゼ庭園

◉ フォルネジーナ庭園

洋館の一階バルコニー前には、噴水池が設けられているが、この噴水というのも十六・七世紀のルネサンス・バロック庭園の特徴の一つである。近くのコックをひねると、ライオンの顔をした噴水口から勢いよく水が噴き出し、快い水音を庭に奏でる。

庭園の造りは全体的に、メディチ庭園やヴォルケーゼ庭園、フォルネジーナ庭園などを彷彿とさせるもので、古都鎌倉にいることを忘れさせるエキゾチックな魅力がある。

なお、山際は日本庭園となっており、書院建築と池、そして滝もある。なお、それに関係してか、洋館の玄関側にも数寄屋風の珍しい灯籠が二本立っており、一見の価値がある。

洋館の隣には、衣張山があり、庭園の借景となっている。宅間ヶ谷自体が「かながわのまちなみ百選」に選ばれており、新緑と紅葉の時期、この洋館と庭園は、最も美しく彩られ、観光客の足が絶えない。

◉旧華頂宮邸　玄関前の灯籠

◉旧華頂宮邸　玄関前の灯籠

③ サムエル・コッキング園……イギリス式庭園

コッキングについて

一八八五年、サムエル・コッキングが江ノ島に造った植物園が、現在のサムエル・コッキング園の原形である。

コッキングは一八四二年、英国アイルランドで生まれる。七歳の時に両親とともにオーストラリアに移住、やがて日本との貿易を計画して、快速帆船を入手し、一八六八年はじめて日本へ向けて出帆した。しかし、到着寸前に暴風雨に遭い、江ノ島に漂着したという。

この時の江ノ島の印象に感銘を受け、彼は後に同地へ別荘を建て、植物園を造ることになる。失敗にめげることなく、再びオーストラリアから出航し、翌一八六九年、ついに横浜へ正式に入港することができた。早速、横浜の外国人居留地五十五番地を入手し、

◉サムエル・コッキング肖像画

◉サムエル・コッキング園 温室遺構

そこではじめは美術の教養を生かして美術骨董商を営んだ。

しかし、途中から一般貿易へと切り替え、サムエル・コッキング商会と銘打って、医療器具、化学薬品、電気機械、染料、顔料などを輸入した。また一八八二年、横浜に薄荷《はっか》精製工場を建築して、「Ｍｅｎｔｈｏｌ　Ｃｒｙｓｔａｌｓ」の名称でハッカを輸出した。

この仕事は、日本初の精製事業である。このほか、彼は百合根《ゆりね》も輸出した。百合根は、神奈川県の県花である山百合の球根であり、外国人の間では「女王百合」として珍重されたという。

同一八七二年、コッキングは、埼玉県出身の宮田りきと結婚し、一九一四年、心臓病で没するまでの四十五年間を横浜の貿易商として過ごした。なお、薄荷精製事業は、一八九二年には失敗し、この時コッキングは破産している。

温室遺構

一九八〇年、コッキングは江ノ島頂上にある敷地を妻りきの名義で購入し、邸宅の造営に着手する。二年後、さらに邸宅へ隣接した敷地を入手、本格的な庭造りを始めた。

庭園はイギリス人であるコッキングの好みから、イギリス式の自然風景庭園として一八八五年に完成した。日本初のイギリス式庭園の誕生である。

イギリス式庭園最大の特徴は、温室が伴うことである。十八世紀イギリスでは、各植民地から集められた珍しい熱帯植物を育てるために、温室造りが盛んに行われた。

コッキングの庭園も例にもれず、巨額の私財を投じて温室を庭園の中枢として配した。三棟の南北に長い温室と、東南に長い温室を設け、それらの北側にボイラー室や貯炭庫、植物や暖房のための水を蓄えた貯水槽があり、温室と付属施設はアーチ型の天井に天窓をもつ地下通路で結ばれていた。

そのほか、冷たい風を遮るための防風壁や集水用陶管などを備えていた。また、温室のそばには、西洋風のシンメトリーな形の池があり、この池にも暖房用のパイプを通し、熱帯の水棲植物を育てていた。この池は最近まで温水池として用いられていたという。

一八九七年の『植物学雑誌』の記述によれば、これらの温室は常時二十四度に暖められており、ランやサボテンなどを栽培していたことがわかる。また、江ノ島に水道が引かれたのは、一九二六年のことで、コッキングの庭園の造られる四十年以上たった頃である。水道のない江ノ島でコッキングは、雨水に着目し、温室の屋根に集水用の枡を設け、陶管を通して雨水を貯水槽にためる装置を考案した。

これらの温室施設は、明治に造られたものとしては、国内最大の規模をもっていた。しかし、一九二三年の関東大震災で温室も倒壊し、現在は、レンガ造りの基礎部分と地下施設の遺構を残すのみとなっている。

庭園遺構

温室を背景とした池は、十二メートル×八・二メートルの規模をもち、石とレンガで縁取られている。左右対称の西洋庭園の様式をもつにもかかわらず、後年、池中に石を積みマツなどの木を植えて中島が造られたことは残念である。

また、当初は竹林と枯山水の庭があり、玉石を敷いて水を表し築山に奇石を配して島に見立てた魅力的な景観がつくり出されていたが、一九五九年に壊されてしまったという。

さらに北端部にも石を配して渓流に見立て池を掘り、亭を建てて灯籠や空井戸を備えた和風庭園があったというが、大震災で倒壊した後、一切取り払われて今はない。

◉サムエル・コッキング園 庭園遺構

イギリス式庭園は、自然風景を創出しつつも幾何学的な花壇を取り入れており、芝生が敷かれている。

これらは日本初のイギリス式庭園として大変貴重なものであるにもかかわらず、一九四九年に温室遺構は埋められ、庭園遺構はその大半が壊され「江ノ島植物園」として一般公開された。

しかし、これらの遺構が再評価されるようになり、二〇〇三年、江ノ島展望灯台の建て替えに合わせ、新たに「江ノ島サムエル・コッキング園」として再整備され、温室遺構も発掘整備されて見られるようになった。

苑内には、コッキングが世界中から集めた珍しい植物も残り、植物園完成当初の姿をしのぶことができる。

おわりに

序章で触れたように、鎌倉の庭園に決定的な打撃を与えたのは、宝永の富士山の噴火であった。一七〇七年十一月二十三日の午前十時頃、突如富士山が大爆発を起こしたことが記録されている。

噴火は、十二月八日まで続き、その間絶え間なく焼砂が降り積もり、一メートルから一・五メートルの地層をつくったという。この時、鎌倉の庭園の多くが埋もれてしまったわけである。

しかし、鎌倉の庭園が埋もれてしまったことをネガティヴにとらえるのではなく、かえってポジティヴにとらえる時期がきているのではないだろうか。土砂に埋れてしまったということは、言い換えれば土砂に庭園が守られて今に至ったということでもある。

すなわち江戸中期以降、約三百年間にわたり、庭園が改造や破壊から免れてきたのであって、土砂を取り除けば、庭園遺構が出土する可能性はすこぶる高いといってよい。京都であっても、江戸期から明治期というのは数多くの傑作庭園が失われた時代であり、その危険な時代を、鎌倉の庭園は土中に温存されたまま今に至ったといったら過言だろうか。

本書で触れた通り、夢窓疎石の造った瑞泉寺庭園のように、後世埋もれた庭園が発掘され、蘇った例も多く、称名寺庭園などもその好例といえる。また、永福寺や無量寺、仏法寺などのように、庭園遺構が発掘された事例も多く、これらの復元、整備が強く望まれよう。

さらに、史料やボーリング調査などによって、現状の庭園の下に、鎌倉期の庭園が埋もれている可能性が極めて高い寺院なども数多い、それらが今後、発掘、復元、整備されれば、鎌倉が世界遺産に登録される日も、より近づくのではないだろうか。

本書の出版にあたり、神奈川新聞社営業局出版部の小曽利男氏、塚田一成氏のお世話になった。特に塚田氏には、編集に関してもお手を煩わせることになった。最後になったが謝辞を申し上げたい。

二〇〇七年立春

宮元健次

掲載寺社・庭園マップ

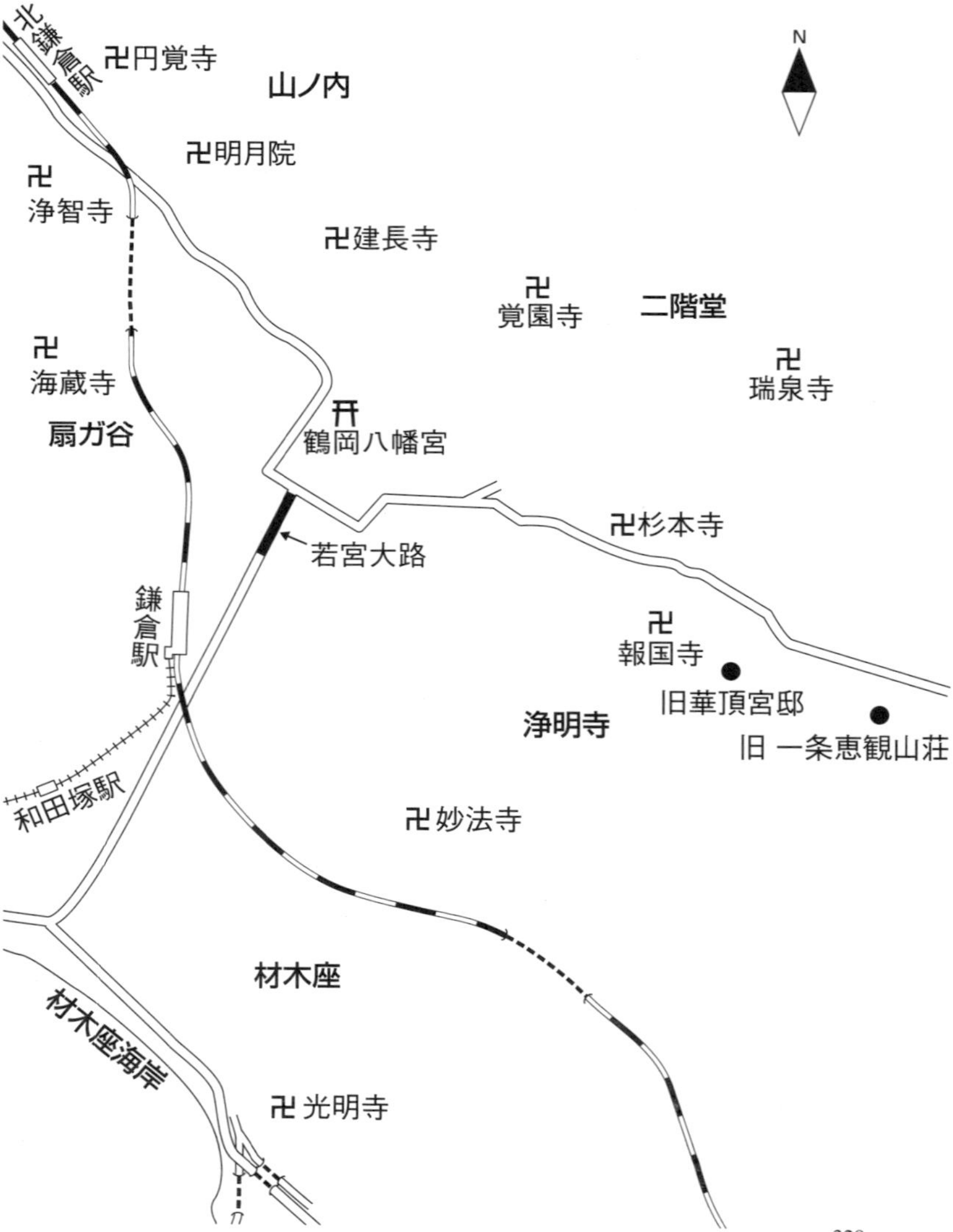
N
北鎌倉駅
円覚寺
山ノ内
明月院
浄智寺
建長寺
覚園寺
二階堂
海蔵寺
瑞泉寺
扇ガ谷
鶴岡八幡宮
杉本寺
若宮大路
鎌倉駅
報国寺
旧華頂宮邸
浄明寺
旧 一条恵観山荘
和田塚駅
妙法寺
材木座
材木座海岸
光明寺

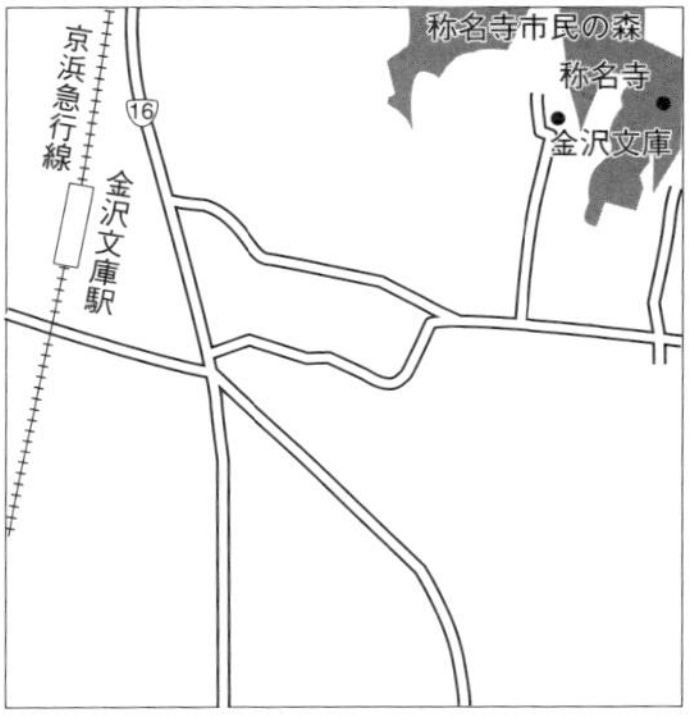
称名寺市民の森
称名寺
金沢文庫
京浜急行線
16
金沢文庫駅

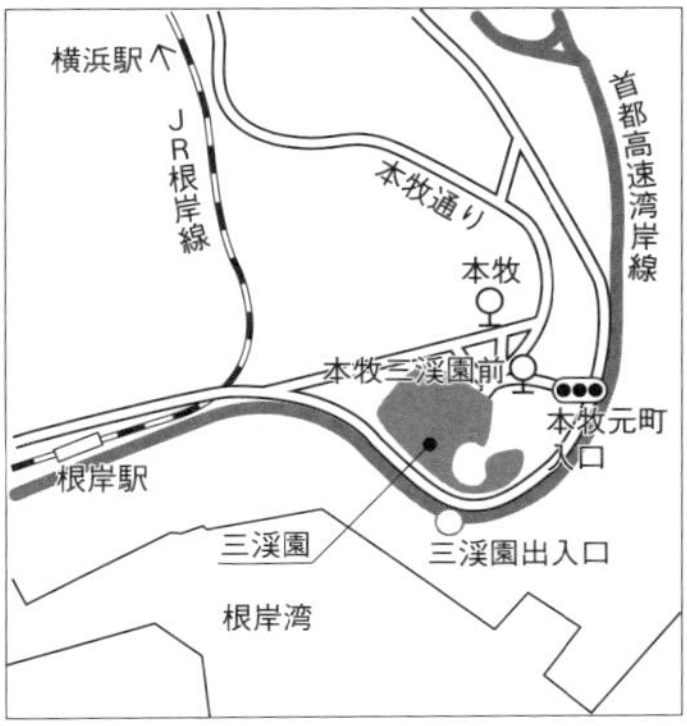
横浜駅
JR根岸線
本牧通り
首都高速湾岸線
本牧
本牧三渓園前
本牧元町入口
根岸駅
三渓園
三渓園出入口
根岸湾

小田急江ノ島線
湘南江ノ島駅
モノレール
片瀬海岸
江ノ島駅
腰越駅
片瀬江ノ島駅
江ノ島大橋
サムエルコッキング園
江ノ島

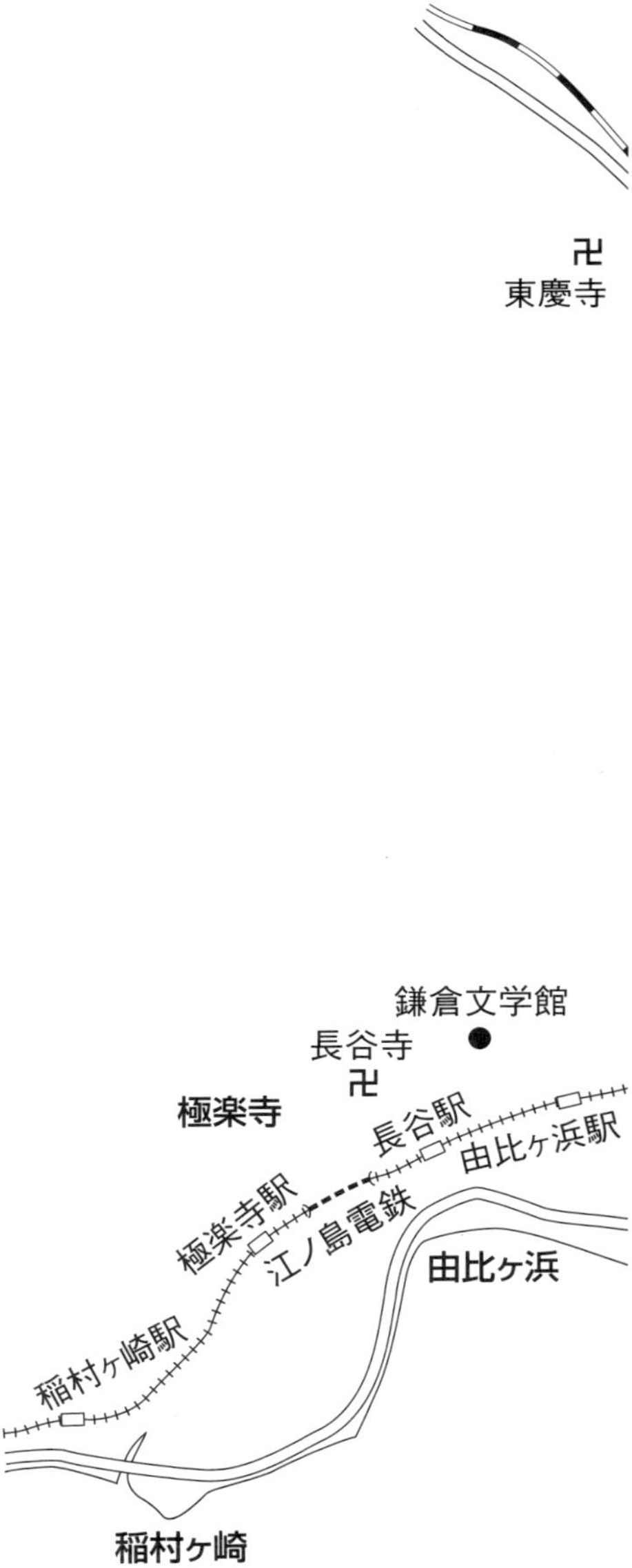
東慶寺
鎌倉文学館
長谷寺
極楽寺
長谷駅
由比ヶ浜駅
極楽寺駅
江ノ島電鉄
由比ヶ浜
稲村ヶ崎駅
稲村ヶ崎

●●● 鎌倉歳時記・花暦 ●●●

1月

●歳時記

1日	歳旦祭（鶴岡八幡宮） 神楽始式（鶴岡八幡宮）
2日	船祝い（坂ノ下海岸）
3日	元始祭（鶴岡八幡宮）
1日～7日	御判行事（鶴岡八幡宮）
4日	船おろし（腰越漁港） 手斧始式（鶴岡八幡宮）
5日	除魔神事（鶴岡八幡宮）
7日	神代神楽（鶴岡八幡宮）
10日	本えびす（本覚寺）
11日	汐まつり（材木座海岸）
13日	大蔵白旗神社例祭（大蔵白旗神社） 第2月曜日　成人祭（鶴岡八幡宮）
15日	左義長（鶴岡八幡宮）
25日	筆供養（荏柄天神社）

●花　暦

・スイセン（東慶寺、浄智寺、瑞泉寺、報国寺、海蔵寺、浄光明寺）
・ロウバイ（東慶寺、浄智寺、明月院、長谷寺、光則寺）
・カンボタン（鶴岡八幡宮）

2月

●歳時記

2日	丸山稲荷社初午祭（鶴岡八幡宮）
3日	節分祭・節分会 （鶴岡八幡宮・建長寺・鎌倉宮・長谷寺）
8日	針供養（荏柄天神社）
11日	大国祷会成満祭（長勝寺） 紀元祭（鶴岡八幡宮）
15日	涅槃会（各寺）

●花　暦

・サンシュユ（明月院、報国寺、長谷寺）
・フクジュソウ（瑞泉寺、宝戒寺、海蔵寺、長谷寺）
・マンサク（東慶寺、瑞泉寺、浄妙寺、長谷寺）
・ツバキ(浄智寺、巨福呂坂切通し、瑞泉寺、宝戒寺、大巧寺、英勝寺、海蔵寺)
・ウメ（円覚寺、東慶寺、浄智寺、荏柄天神社、瑞泉寺、浄妙寺、十二所果樹園、宝戒寺、本覚寺、安国論寺、長谷寺、光則寺、高徳院、貞宗寺）
・シダレウメ（宝戒寺）

3月

●歳時記

20日	前後 動物慰霊祭（光則寺）
20日	彼岸会（各寺）

●花　暦

・ミツマタ（浄智寺、瑞泉寺、海蔵寺、光則寺）
・ミモザ（来迎寺＝材木座、極楽寺）
・ボケ（明月院、九品寺、長谷寺）
・ショカツサイ（瑞泉寺、明王院、貞宗寺）
・レンギョウ（光照寺、明月院、瑞泉寺、海蔵寺）
・ユキヤナギ（光照寺、明月院、海蔵寺）
・ハクモクレン（円覚寺、東慶寺、明月院、明王院、宝戒寺、長谷寺）
・シダレザクラ（光照寺、東慶寺、明月院、建長寺、瑞泉寺、旧華頂宮邸、本覚寺、妙本寺、安国論寺、本興寺、海蔵寺、長谷寺、光則寺）

4月

●歳時記

3日	若宮例祭（鶴岡八幡宮）
7～9日	釈迦如来像特別開扉（極楽寺）
8日	忍性墓特別公開（極楽寺） 潅仏会（各寺）
第2土曜日	包丁式（鶴岡八幡宮）
第2～第3日曜日	鎌倉まつり（鶴岡八幡宮ほか）
第2日曜日	パレード（若宮大路～鶴岡八幡宮） ミス鎌倉お披露目（鶴岡八幡宮） 静の舞（鶴岡八幡宮舞殿）
第3日曜日	流鏑馬太鼓（鶴岡八幡宮舞殿横） 流鏑馬（鶴岡八幡宮馬場）
13日	源頼朝公墓前祭（源頼朝公墓前）
29日	漱石の会（円覚寺帰源院）

●花暦

・サクラ（円覚寺、浄智寺、建長寺、鶴岡八幡宮、鎌倉宮、報国寺、浄妙寺、宝戒寺、妙本寺、長勝寺、光明寺、英勝寺、浄光明寺、長谷寺、光則寺、高徳院、極楽寺、浅間山、源氏山、鎌倉山）
・モモ（明月院、明王院、安国論寺、英勝寺）
・カイドウ（妙本寺、安国論寺、海蔵寺、光則寺）
・シャガ（円覚寺、東慶寺、浄智寺、明月院、荏柄天神社、妙本寺、妙法寺）
・ヤマブキ（妙本寺、英勝寺、海蔵寺）
・コデマリ（安養院、海蔵寺）
・ボタン（円覚寺、東慶寺、浄智寺、鶴岡八幡宮、浄妙寺、妙本寺、長谷寺、光則寺）
・ヤエザクラ（鶴岡八幡宮、光触寺、本覚寺、妙本寺、光明寺、英勝寺、極楽寺）
・シュンラン（大巧寺）
・ウラシマソウ（十二所果樹園、妙本寺、祇園山、佐助稲荷）

5月

●歳時記

1～3日	吉屋信子記念館公開
5日	菖蒲祭（鶴岡八幡宮） 草鹿（鎌倉宮）
28日	白旗神社例祭（鶴岡八幡宮）

●花　暦

・ツツジ（浄智寺、明月院、鶴岡八幡宮、安養院、安国論寺、英勝寺、海蔵寺、浄光明寺、鎌倉文学館、長谷寺、高徳院、仏行寺、久成寺）
・フジ（鶴岡八幡宮、瑞泉寺、光触寺、別願寺、安国論寺、英勝寺、長谷寺、光則寺、極楽寺）
・バラ（鎌倉文学館）
・ハマヒルガオ（七里ガ浜）
・カエデ新緑（円覚寺、建長寺、瑞泉寺、妙本寺、寿福寺、海蔵寺、長谷寺、高徳院）

6月

●歳時記

上旬	蛍放生の儀（鶴岡八幡宮）
3～6日	葛原岡神社例大祭（葛原岡神社）
4日	笛供養（満福寺）
第2日曜日	五所神社例祭（五所神社）
28日	海開き（由比ガ浜海岸）
30日	大祓式（鶴岡八幡宮）

●花　暦

・サツキ（円覚寺、浄智寺、明月院、建長寺、鶴岡八幡宮、報国寺、光明寺、海蔵寺）
・ナツツバキ（東慶寺、浄智寺、明月院、成就院）
・タイサンボク（円覚寺、日蓮辻説法跡、長勝寺、実相寺浄光明寺）
・マツバギク（海蔵寺）
・カイウ（海蔵寺/長谷寺）
・ハナショウブ（東慶寺、明月院、光触寺、海蔵寺、長谷寺）
・アジサイ（円覚寺、東慶寺、浄智寺、明月院、長寿寺、建長寺、鶴岡八幡宮、瑞泉寺、浄妙寺、光触寺、妙本寺、安養院、安国論寺、英勝寺、海蔵寺、浄光明寺、長谷寺光則寺、成就院、御霊神社、極楽寺）
・イワタバコ（東慶寺、浄智寺、明月院、成就院）
・ユキノシタ（浄智寺、上杉憲方供養塔）
・ネムノキ（妙本寺）

7月

●歳時記

第１～第２日曜日	小動神社天王祭（小動神社）
７日	七夕祭（鶴岡八幡宮）
第２日曜日前後	八雲神社例祭（八雲神社/大町）
15日	梶原施餓鬼（建長寺）
第３月曜日	石上神社例祭（御霊神社）
21日	献灯会（光明寺）

●花　暦

・ハンゲショウ（浄智寺、海蔵寺、光則寺）
・キキョウ（浄智寺、鎌倉宮、瑞泉寺、海蔵寺、長谷寺）
・ハス（浄智寺、建長寺、鶴岡八幡宮、大巧寺、本覚寺、光明寺、英勝寺、長谷寺）
・ノウゼンカズラ（光触寺、本覚寺、妙本寺、来迎寺＝材木座、海蔵寺、光則寺）

8月

●歳時記

立秋の前日～９日	ぼんぼり祭（鶴岡八幡宮）
７日	夏越祭（鶴岡八幡宮）15時
８日	立秋祭（鶴岡八幡宮）17時
９日	実朝祭（鶴岡八幡宮）
10日	四万六千日（杉本寺・長谷寺） 黒地蔵縁日（覚園寺）0時 鎌倉花火大会（由比ガ浜）
16日	鎖大師御開帳（青蓮寺） 閻魔縁日（円応寺）
19～20日	鎌倉宮例大祭（鎌倉宮）
23～24日	開山忌（建長寺）

●花　暦

・サルスベリ（成福寺、浄智寺、浄妙寺、宝戒寺、本覚寺、本興寺、英勝寺、海蔵寺、円久寺、長谷寺、極楽寺、称名寺）
・フヨウ（瑞泉寺、妙隆寺、海蔵寺、極楽寺、浄泉寺）
・ハゲイトウ（瑞泉寺/報国寺）

９月

●歳時記

11〜13日	龍ノ口法難会（龍口寺）
14〜16日	鶴岡八幡宮例大祭（鶴岡八幡宮）
14日	浜降祭（由比ヶ浜） 宵宮祭（鶴岡八幡宮）
15日	神幸祭（鶴岡八幡宮〜若宮大路）
16日	流鏑馬（鶴岡八幡宮）13時
18日	御霊神社例祭（御霊神社）11時
23日	彼岸会（各寺）
27日	松葉ガ谷法難会（安国論寺）
28日	護摩法要大祭（明王院）

●花　暦

・ハギ（浄智寺、建長寺、子ども自然ふれあいの森、宝戒寺、寿福寺、英勝寺、海蔵寺、浄光明寺、長谷寺）
・ヒガンバナ（鶴岡八幡宮、宝戒寺、大巧寺、英勝寺、海蔵寺、浄光明寺、長谷寺、大慶寺）
・キンモクセイ（東慶寺、円応寺、明王院、海蔵寺、光則寺、貞宗寺）

１０月

●歳時記

第１日曜日	人形供養（本覚寺）
３日	開山忌（円覚寺）
６日	絵筆塚祭（荏柄天神社）
８〜９日	鎌倉薪能（鎌倉宮）
12〜15日	十夜法要（光明寺）
14日	三三九手挟式（鶴岡八幡宮）
20日	地久祭（鶴岡八幡宮）
17日	神嘗祭当日祭（鶴岡八幡宮）
28日	白旗神社文墨祭（鶴岡八幡宮）

●花　暦

・シオン（浄智寺、海蔵寺）
・シュウメイギク（浄智寺、瑞泉寺、英勝寺、長谷寺）
・フユザクラ（瑞泉寺、報国寺、龍宝寺）
・イソギク（稲村ガ崎、小動神社、浄泉寺）
・ススキ（浄智寺、永福寺跡、安養院、稲村ガ崎）

１１月

●歳時記

3日を含む3日間	宝物風入れ（円覚寺・建長寺）
3日	明治祭（鶴岡八幡宮）
8日	丸山稲荷社火焚祭（鶴岡八幡宮）
15日	七五三（各社）
21日	龍口寺御会式（龍口寺）
23日	新嘗祭（鶴岡八幡宮）

●花　暦

・ツワブキ（浄妙寺、妙本寺、安養院、海蔵寺）
・サザンカ（浄智寺、安国論寺）
・カキ（浄智寺、龍宝寺）
・ハゼ（鶴岡八幡宮、子ども自然ふれあいの森、妙本寺）
・センダン（本覚寺、高徳院）
・イチョウ（成福寺、円覚寺、東慶寺、建長寺、鶴岡八幡宮、荏柄天神社、杉本寺、報国寺、浄妙寺、明王院、妙本寺、安国論寺、長勝寺、光明寺、長谷寺、高徳院）

１２月

●歳時記

13日	煤払い式（鶴岡八幡宮）
16日	御鎮座記念祭（鶴岡八幡宮）17時
18日	歳の市（長谷寺）
22日	年末禊（鶴岡八幡宮）
26日	大銀杏紙垂つけ（鶴岡八幡宮）
31日	大祓式（鶴岡八幡宮） 除夜の鐘（各寺）

●花　暦

・紅葉（円覚寺、建長寺、鎌倉宮、瑞泉寺、朝比奈切通し、妙本寺、英勝寺、化粧坂切通し、海蔵寺、長谷寺、源氏山）
・センリョウ（浄智寺、円覚寺、建長寺、瑞泉寺、安国論寺、成就院）
・マンリョウ（建長寺、鶴岡八幡宮、瑞泉寺、浄妙寺、海蔵寺）

＊花の開花時期は気候条件等により微妙に変化します。
正確には鎌倉市観光協会（0467-23-3050）または各寺社に事前にお問い合わせください。

本書で掲載した寺社、庭園のデータ

庭園名	住所・電話番号・拝観料・公開時間
①鶴岡八幡宮	雪ノ下2-1-31　☎0467-22-0315 参拝自由
②建長寺	山ノ内８　☎0467-22-0981 300円 8：30〜16：30
③円覚寺	山ノ内409　☎0467-22-0478 300円 8：00〜17：00（11月〜３月16：００）
④瑞泉寺	二階堂710　☎0467-22-1191 100円 9：00〜17：00
⑤光明寺	材木座6-17-19　☎0467-22-0603 拝観自由（山門拝観は20名以上で一人300円） 山門拝観は10：00〜14：00
⑥明月院	山ノ内189　☎0467-24-3437 300円 9：00〜16：00（6月17：00まで）
⑦海蔵寺	扇カ谷4-18-8　☎0467-22-3175 100円 9：30〜16：00
⑧称名寺	横浜市金沢区金沢町212-1 拝観自由（金沢文庫は200円）
⑨三渓園	横浜市中区本牧三之谷58-1　☎045-621-0634 小学生200円、中学生〜64歳500円、65歳300円 9：00〜17：00（12月29日〜12月31日は休園）
⑩妙法寺	大町4-7-4　☎0467-22-5813 300円 9：30〜16：30

庭園名	住所・電話番号・拝観料・公開時間
⑪覚園寺	二階堂421　☎0467-22-1195
	300円
	10：00〜15：00で1時間毎（8月、12月20日〜1月7日は休）
⑫杉本寺	二階堂903　☎0467-22-3463
	200円
	8：00〜16：30
⑬東慶寺	山ノ内1367　☎0467-22-1663
	100円（宝蔵は300円）
	8：30〜17：00（11月〜2月16：00）
⑭長谷寺	長谷3-11-2　☎0467-22-6300
	300円
	8：00〜17：00（10月〜2月16：30）
⑮浄智寺	山ノ内1402　☎0467-22-3943
	150円
	9：00〜17：00（11月〜２月は16：30）
⑯報国寺	浄明寺533　☎0467-22-0762
	200円
	9：00〜16：00
⑰旧一条恵観山荘	浄明寺
	非公開
	非公開
⑱鎌倉文学館	長谷1-5-3　☎0467-23-3911
	300円
	9：00〜17：00（10月〜２月は16：30）
⑲旧華頂宮邸	浄明寺2-6-37
	拝観自由
	10：00〜16：00（10月〜３月は15：00）月、火休館
⑳サムエルコッキング園	藤沢市江の島2-3-28　☎0466-23-0623
	一般・200円、小学生100円
	9：00〜17：00（土日祝20：00まで）

参考文献（本文で掲げた文献は除く）

鎌倉市史編纂委員会『鎌倉市史　社寺編』吉川弘文館　一九七九年
神奈川県教育委員会『神奈川県文化財図鑑　建造物篇』神奈川県教育委員会　一九七一年
沢寿郎『鎌倉古絵図・紀行－鎌倉古絵図編－』東京美術　一九七六年
鎌倉市教育委員会『鎌倉の文化財』第1号から第17号　一九七二年から一九九八年
鎌倉市教育委員会・鎌倉考古学研究所編『鎌倉の発掘』第一巻から第十巻
新人物往来社　一九九五年から一九九六年
貫達人『鶴岡八幡宮寺』有隣新書　一九九六年
貫達人・川副武胤編『鎌倉廃寺事典』有隣堂　一九八〇年
井上禅定『駆込寺　東慶寺史』春秋社　一九八〇年
井上禅定『東慶寺と駆込女』有隣新書　一九九五年
貫達人『鶴岡八幡宮史』中央公論美術出版　一九七六年
貫達人『円覚寺』中央公論美術出版　一九六四年
『鎌倉の寺小事典』かまくら春秋社　二〇〇一年
鎌倉市教育委員会『鎌倉市文化財総合目録』建造物編　同朋舎出版　一九八七年
鎌倉国宝館『鎌倉の史跡－鎌倉国宝館図録』第13集　鎌倉市教育委員会　一九七二年
鎌倉風致保存会『瑞泉寺裏山周辺細分布調査報告書』鎌倉風致保存会　二〇〇一年

三浦勝男編『鎌倉志料』第2巻　鎌倉市教育委員会　一九八九年
大本山円覚寺『瑞鹿山円覚寺』円覚寺　一九八五年
玉村竹二、井上禅定『円覚寺史』春秋社　一九六四年
鎌倉市教育委員会『鎌倉市埋蔵文化財緊急調査報告書』一から十四　鎌倉市教育委員会　一九八五から一九九八年
海蔵寺『扇谷山海蔵寺略縁記』海蔵寺
鎌倉市役所世界遺産推進担当『武家の古都鎌倉』鎌倉市役所　二〇〇五年
毎日新聞社編『佛教藝術』一六四号　毎日新聞社　一九八六年
赤星直忠『中世考古学の研究』「史蹟名勝天然記念物調査報告書」第六輯所収
河野眞知郎『中世都市鎌倉』講談社　一九九五年
朝日新聞社編『朝日百科日本の国宝』第87、88号　朝日新聞社　二〇〇〇年
鎌倉市教育委員会『五合桝遺跡（仏法寺跡）発掘調査報告書』鎌倉市教育委員会　二〇〇三年
湯本和夫『鎌倉謎とき散歩・史都のロマン編』廣済堂出版　一九九三年
内田輝彦『江の島植物園とサムエル・コッキング』湘南藤華園　一九六一年
鶴岡八幡宮境内発掘調査団編『鶴岡八幡宮境内発掘調査報告書』鎌倉市教育委員会　一九八五年
鎌倉市教育委員会『鎌倉の埋蔵文化財7』二〇〇四年
宮元健次『日本庭園のみかた』学芸出版社　一九九八年
宮元健次『京都名庭を歩く』光文社　二〇〇四年
宮元健次『神社の系譜』光文社　二〇〇六年

著者プロフィール

宮元　健次（みやもとけんじ）

1962年生まれ。作家、建築家。宮元建築研究所代表取締役。1987年東京芸術大学大学院美術研究科博士課程修了。龍谷大学助教授、大同工業大学教授を歴任。著書に『桂離宮隠された三つの謎』『修学院離宮物語』『近世日本建築にひそむ西欧手法の謎』『桂離宮―ブルーノ・タウトは証言する』『桂離宮と日光東照宮―同根の異空間』『日本庭園のみかた』『日本建築のみかた』　『日本の伝統美とヨーロッパ』『龍安寺石庭を推理する』『建築家秀吉』『江戸の陰陽師』『加賀百万石と江戸芸術　』『芸術家宮本武蔵』『日光東照宮―隠された真実』『すぐわかる日本の仏像』『月と日本建築』『京都名庭を歩く』『京都格別な寺』『仏像は語る』『神社の系譜』『名城の由来』『近世日本建築の意匠』など40冊以上。テレビ出演、雑誌監修多数。 建築家としても受賞多数。

鎌倉の庭園

2007年4月26日　初版発行

著者　宮元健次

発行　神奈川新聞社

〒231-8445　横浜市中区太田町２－23

電話　045-227-0850（出版部）

Printed in Japan　ISBN 978-4-87645-399-3 C0026